기독교문서선교회 (Christian Literature Center: 약칭 CLC)는 1941년 영국 콜체스터에서 켄 아담스에 의해 시작되었으며 국제 본부는 미국 필라델피아에 있습니다. 국제 CLC는 약 650여 명의 선교사들이 59개 나라에서 180개의 서점을 운영하며 이동 도서 차량 40대를 이용하여 문서 보급에 힘쓰고 있으며 이메일 주문을 통해 130여 국으로 책을 공급하고 있는 국제적 문서선교 기관입니다.

추천사

이 승 재 목사
의정부 열방교회 담임

『엄마가 돌아가셨습니다』는 '누구도 예외 없이 경험하게 될 일, 그러나 누구도 혼자 감당하기 어려운 일'을 일상의 언어로 풀어낸 책이다. 인생, 나그넷길임을 잘 알지만, 돌아갈 본향이 있음도 잘 알지만, 현재의 고난은 반드시 존재하며 피할 수 없기에, 이별의 아픔 또한 현실이기에 저자는 어려움을 눈물로 감내하며 이 책을 썼다.

이 책은 '이미'와 '아직' 사이를 살아가는 그리스도인이라면 반드시 고민하고 겪게 될 일을 순간순간 생생하게 그린다. 화려하지 않지만, 저자의 꼼꼼하고 섬세한 성품이 드러나듯, 그 이야기는 우리 삶 곳곳 일상 속에서 미처 발견하지 못했던 감사를 다시 새롭게 보게 한다. 또한, 어머니라는 그 위대한 존재와 삶이 한 알의 밀알로 귀결되는 것을 통하여 우리 인생의 참 본질을 깊이 깨닫게 해 준다.

오랜 시간의 간병, 오랜 시간의 기다림, 오랜 시간의 소망은 결국 이 땅에서의 이별로 끝맺게 되는 것 같으나, 그 과정 속에서 발견하게 하시고 경험하게 하시는 하나님의 은혜가 얼마나 큰지를 깨닫게 된다.

일상 속 하루하루의 묵상이 묶여서 한 권의 책이 되었다. 이 한 권의 책은 많은 이에게 공유되어, 모든 독자에게 깊은 감명을 줄 것이라 확신이 든다. 다만 그리스도인뿐만 아니라 가까운 이의 죽음으로 인한 이별이라는 같은 경험을 하였거나 하게 될 모든 이에게 읽히기를 소망한다.

가까이서 지켜본 저자는 본 교회의 목장(소그룹) 목자이자 열기선(열방기독교사선교회) 회장으로 헌신하는 성도이다. 마치 또 한 알의 밀알이 되듯이, 그렇게 자신의 인생을 하나님 나라를 위해, 교회를 위해, 가정을 위해, 교단(학교)을 위해 희생하는 그의 모습이 '인생의 밤을 만난' 이들에게 큰 도전과 소망을 불어넣어 줄 것이기에, 이 책을 적극 권한다.

엄마가 돌아가셨습니다

Sky love ocean grace
Written by Kim jeong hyun
All rights reserved.
Korean Edition Copyright ⓒ 2025 by Christian Literature Center, Seoul, Korea.

엄마가 돌아가셨습니다

2025년 3월 10일 초판 발행

지 은 이 | 김정현

편　　집 | 이소현
디 자 인 | 소신애, 서민정
펴 낸 곳 | (사)기독교문서선교회
등　　록 | 제16-25호(1980. 1. 18.)
주　　소 | 서울특별시 동대문구 천호대로71길 39
전　　화 | 02-586-8761~3(본사) 031-942-8761(영업부)
팩　　스 | 02-523-0131(본사) 031-942-8763(영업부)
이 메 일 | clckor@gmail.com
홈페이지 | www.clcbook.com
송금계좌 | 기업은행 073-000308-04-020 (사)기독교문서선교회
일련번호 | 2025-20

ISBN 978-89-341-2787-1(03230)

이 책의 출판권은 (사)기독교문서선교회가 소유합니다.
신저작권법에 의해 한국 내에서 보호를 받는 저작물이므로 무단 전재와 무단 복제를 금합니다.

터·널·을 지·나 빛·의 세·계·로

엄마가
돌아가셨습니다

김 정 현 지음

CLC

하나님이 주신

나의 소중한 엄마

강병희 집사님께 이 책을 바칩니다.

이제는 하늘 같은 사랑,

바다 같은 은혜 갚을 길 없으나

천국에서 다시 뵈올 날을 기다리며

믿음으로 살아가렵니다.

· 목차 ·

추천사 **이승재 목사** | 의정부 열방교회 담임 · *1*

들어가는 글 · *12*

10월에 덮친, 예고 없는 쓰나미 · 16

일상이 완전히 바뀐 순간 · *16* 가장 귀한 엄마의 밥상 · *18*
두통에는 타이레놀이 아니다 · *22* 나도 엄마니까 · *26* 회복의 은혜 · *28*
엄마 가슴에 영원히 빛날 일곱 손주 · *32* 마지막 1년 · *38* 비켜 갈 수 없는 세월 · *39*
집 한 칸이 없으시다니 · *42* 엄마가 이름을 부르시다! · *47*
예언의 서막, 보라카이 저녁놀 · *48* 아버지의 귀향 · *52* 무엇이 최선일까? · *55*
엄마를 와락 안고 운다 · *61* 세 딸의 21일 다니엘 기도 · *63*

변화의 시작 • 67

어디로 모셔야 할까? • 67   욥기의 구절구절 • 71   곰배령과 양양 서핑객 • 73
옥수수 앞에서 • 77   사랑이 말을 해요 • 81   간병인의 출국을 앞두고 • 83
요양원을 결정하다 • 87   침상 옆 손주 사진 • 91   아들의 입대 • 93
구급차 뒤를 쫓으며 • 95   벗어 둔 신발을 보고, 발길을 돌렸다 • 97
촉탁의 진단, 방광염 • 99   넘어진 김에 쉬어 가라 • 102
47일의 외출, 다시 요양병원으로 • 105

시나브로 다가온 기적 • 108

엄마의 저나트륨혈증 • 108   잠깐의 기쁨 • 111   기적은 이렇게 오는구나! • 112
어찌 원망하랴 • 115   천국 가는 열차 • 117   엄마의 폐렴, 막냇동생의 간병 • 121
자매는 용감했다! • 123   서로에게 주는 칭찬 스티커 • 125
폐렴은 점점 심해지고 • 127   막냇동생의 애끓는 소리 • 130   엄마가 예쁘니까 • 132
세 명의 간병인 • 135   나의 마지막 간병 • 137   예비하신 만남 • 141

제4부
이별의 준비 · 144

잠을 이루지 못하시다 · 144 하나님의 사인, 주일예배 · 145
하늘 문이 열리고 · 149 엄마의 신음 · 151 가족이라는 울타리 · 155
합력하여 선을 이루는 것 · 157 기적의 일주일, 마지막 선물 · 160
빨리 오세요! 더 빨리 올 가족 없나요? · 162 9년 전, 마치 그날처럼 · 165
널뛰기하는 산소포화도 · 171 임종의 수순을 밟고 계시는 것 같습니다 · 174
하나님의 절대주권 · 177 나의 유일한 효도 · 179 날개 아래로 파고드는 딸 · 181

제5부
소풍을 마치고 · 184

엄마의 간절한 눈빛 · 184 산소포화도 68 · 187 미련한 딸의 출근 · 189
작은이모, 이별의 눈물 · 192 자기 아들을 아끼지 아니하시고 · 196
초라한 예배, 그러나 존귀한 예배자 · 202 언니가 와 줘! · 206 임종을 지키다 · 209
본향으로 · 214 한 알의 밀알처럼 · 215 마지막 양치를 해 드리고 · 219
장례식 · 220 그리운 엄마, 천국에서 다시 만나요 · 223

마치는 글 · *225*

큰동생의 글 · ***229***

막냇동생의 글 · ***238***

딸아이의 글 · ***244***

들어가는 글

하늘 아래 내가 받은 가장 큰 사랑, 어머니의 사랑.

어머니께서 78세를 일기로 하나님의 부르심을 받고 이 땅을 떠나신 지 이제 1년이 조금 넘었다. 처음 이 글을 쓸 때는 한 편의 영화처럼 떠나신 어머니와의 마지막 시간을 기록해 두고 싶었다. 시간이 지나 희미해지기 전, 결코 잊을 수 없는 어머니와의 그 아름답고 슬펐던 동행을 기억의 사진을 찍듯 남겨 두고 싶어서 쓰기 시작했다. 그 기록은 일기였고 일상의 단상을 적은 심경의 나눔이기도 했다. 나와 형제들이 나누어 가진 우리만의 특별한 기록.

그러나 책을 쓰면서 나는 깨닫게 되었다. 이 글은 우리 가족만이 공유하기에는 그 이상의 의미가 있다는 것을. 내가 그랬듯이 아마 다른 누군가도 미처 경험하지 못한 세계에 관한 타인의 기록이 필요할 거란 생각이 강력하게 밀려왔다.

내가 너무도 사랑했던 우리 어머니, 나의 동생들에게 너무나 소중했던 우리 어머니, 그 어머니를 기막힌 상황 속에서 떠나보낸 그 아픔과 그 가슴 미어지는 이야기를 누군가 필요로 한다는 것은 과연 나만의 억측일까?

어머니의 투병은 세상 사람의 눈으로 볼 때는 기막힌 고통의 시간이었지만, 우리는 하나님의 말씀을 의지하여 하나님께서 주시는 위로와 사랑을 받았다. 하나님은 어머니와 고통의 병상에서 함께하시고 가슴 아파하셨다. 하나님께서 붙들어 주지 않으셨다면 우리는 그 긴 시간을 온전한 정신으로 견딜 수 없었으리라.

어머니를 뵐 때마다 한 번도 빠짐없이 성경 말씀을 들려 드렸다. 기회가 닿는 대로 예배드리고 찬송하며 어머니의 귀에 대고 기도해 드렸다. 병상 옆에서, 때로는 병원 복도 끝 구석진 곳에서 초라하지만 마음의 중심을 담아 예배했다. 휠체어를 밀고 나가 가로수 아래 그늘에서 예배드릴 때는 남의 눈치 보지 않고 크게 찬양을 부르며 예배했다. 어머니는 비록 장애 1급의 거동 불가능 환자였지만 그 순간만큼은 영혼이 빛나는 예배자이셨다.

어머니께서 병상에 계셨던 2,912일 동안 우리는 최선을 다해 어머니를 섬겼다. 그러나 어머니와의 마지막 시간을 되돌아보면 아쉬움이 있다. 어머니와 함께하는 이 세상에서의 마지막 시간이 그렇게 갑작스레 올 줄 몰랐고, 나는 그것에 대해 충분히 준비하지 못했다.

최선을 다했다고는 하지만 임종의 순간에는 또 달랐다. 그래서 못내 아쉽고 마음이 아프다.

누군가 내게 사랑하는 가족과의 임종의 순간에 대한 이야기를 들려주거나 글로 써서 내 손에 쥐어 줬더라면, 어머니와의 마지막 시간을 조금 더 잘 준비할 수 있지 않았을까?

내가 이 책을 쓰게 된 동기가 바로 이것이다. 사랑하는 가족을 떠나보내야만 하는, 그 특별하고 무거운 시간을 남의 경험을 통해 미리 준비한다면 후회가 덜 될 것이다. 이 책을 통해 임종의 시간에 가족의 곁을 지킬 수 있게 된다면, 그것은 삶을 더 풍요롭게 만들고 가슴에 묻어 둘 아쉬움을 줄여 줄 것이기에 충분히 의미 있으리라고 여긴다.

이 책은 가족이 소장하기 위해 출간했던 나의 첫 작품인 『밀알엄마』를 바탕으로 새롭게 구성하고 편집했다. 슬프고 많이 애잔했던 시기에 쓴 『밀알엄마』를 가족 이외의 분들이 보기에 거리감을 좁히기 위해 시간의 흐름에 따른 나열이 아닌 의미 중심으로 목차를 수정하고 내용을 다듬었다.

전문 작가도 아니고 정식 출간은 처음인지라 글이 어설프고 세련되지 못한 것 같다. 그러나 진솔하게 마음을 열어 보인다는 점에서는 화려한 장미가 아닌 길가의 야생화 같은 글일지라도 그 나름대로 가치 있다는 생각이 든다.

모쪼록 이 글이 누군가의 가슴에 한 자루의 양초처럼 불을 밝혀 주면 좋겠다. 사랑하는 가족의 임종을 맞이해야 하는 피할 수 없는 아픔에 직면해 있다면, 먼저 그 길을 걸어 본 타인의 이야기가 도움이 될 것만 같다.

만일 나에게 누군가 이런 글을 써 주었더라면 나는 고마움을 느꼈을 것 같다. 세 딸 가운데 장녀로 태어나서 언니도, 오빠도 없었기에 경험해 보지 않은 상황에 어떻게 대처해야 하는지 잘 몰랐다. 이 글이 누군가에게는 그 언니가 되고 오빠가 되며, 누나이자 형이 될 수도 있다는 생각에 용기 내어 책을 내놓는다.

우리는 방송이나 유튜브 등에서 행복하고 즐거운 스토리, 맛있는 먹거리, 눈부시게 아름다운 자연에서의 여행담을 많이 접하지만 그들의 행복과 부요함이 내 것이 될 수 없음에 신음하고 상대적 결핍에 주눅 드는 자도 많음을 기억할 필요가 있다.

나 역시 그렇다. 휴가를 이용해 가족과 해외여행을 다녀온 이후에도 나보다 더 자주 미지의 지구촌 어딘가를 탐험하는 이들을 보면 왠지 모를 박

탈감을 느끼고 허전하다. 더 갖고 싶고 더 누리고 싶을 때가 많다. 이만하면 충분히 감사하고 좋은 경험을 했음에도 만족하지 못하고 "더, 더, 더"를 외치는 나의 욕심. 어쩌면 실재보다 허상을 좇고 있는 것은 아닐는지. 주어진 것에 감사하지 못하고 타인의 것을 기웃대는 어리석음을 멈추고 싶다.

분명 이 세상엔 피할 수 없는 고난과 희생, 아픔을 묵묵히 감수하는 사람이 생각보다 많다. 어머니의 투병 기간에 여러 재활병원, 요양병원을 다니면서 그 사실을 알게 되었다.

그렇다고 그분들의 삶과 가족들의 헌신, 수고가 세상에서 각광받는 화려한 행복보다 못한 것이런가?

아니다. 나는 그렇지 않다고 본다. 어쩌면 그것은 조개가 고통 속에서 진주를 만들어 내듯, 형언할 수 없는 인생의 가치를 캐어 올리는 연단의 과정일 수 있다. 나는 이 고난을 통해 머리로 믿던 하나님을 가슴으로 만났고, 피상적으로만 알던 천국 본향을 마음 깊이 사모하게 되었다. 영원을 바라보는 믿음의 연단을 경험한 셈이다. 너무나도 값비싼 대가를 치르고서 말이다. 어머니의 돌아가심이란 대가를. 어쩌면 어머니께서 44년 동안 주신 바다 같은 사랑보다 이후의 마지막 9년간 보여 주신 고난 속의 견디심이 내게는 더 큰 울림이 되지 않았나 싶다.

부디 이 책이 머지않아 맞이할, 사랑하는 가족의 임종을 준비하는 누군가에게 위로와 힘이 되면 좋겠다. 그 막막함과 외로움을 덜어 주는 따뜻한 손이 되길 바라며 글을 시작한다.

*일러두기: 이후부터는 어머니 대신 '엄마'라는 더 친근하고 실제 내가 부르던 말로 우리의 이야기를 풀어 가고자 한다.

제1부

10월에 덮친, 예고 없는 쓰나미

✽ 일상이 완전히 바뀐 순간

　단풍이 눈부시게 고왔던 10월 어느 날, 한밤중 전화 한 통이 갑자기 걸려왔다. 그 후 우리 세 자매의 일상은 완전히 바뀌었다. 인생의 예고 없는 쓰나미가 우리를 덮쳤다.

　그날 엄마는 홀로 거실에서 쓰러진 채 발견되셨다. 엄마가 쓰러지신 후 밤늦게 귀가하신 아버지가 119안전센터에 신고하기까지 시간이 얼마나 흘렀는지는 아무도 모른다. 엄마의 핸드폰을 확인해 보니 정오 무렵의 통화 기록을 끝으로 이후에 걸려 온 모든 전화를 받지 못하셨다.

　구급대원들이 엄마를 모시고 긴급히 충남대학교병원 응급실로 향할 때, 주방에는 엄마가 가꾸시던 화초 두 개가 개수대에 나란히 놓여 있었다. 아마 물이 빠지기를 기다리셨나 보다. 인덕션 위에는 엄마의 손맛이 그대로 담긴 된장찌개가 놓여 있었고 거실 소파 위에는 가지런히 개어 놓은 수건들이 쌓여 있었다. 모든 것이 평범한 일상의 풍경이었다. 단 하나, 엄마가 안 계신 것만 빼고.

기막힌 세월을 헤쳐 오면서 부모님이 나에게 두 동생을 낳아 주신 것을 얼마나 감사했는지 모른다. 혼자서는 도저히 감당할 수 없었던 엄청난 시련 앞에 우리 세 자매는 더욱 한마음이 되었다.

그때가 큰동생의 셋째 아들은 세 살, 막냇동생의 둘째 딸은 이제 막 돌을 넘긴 때였다. 엄마는 그 당시 어린 손주들을 돌봐 주려고, 대상포진으로 인해 약해진 체력을 관리하던 중이셨다. 그런데 마른하늘에 날벼락처럼 꿈에도 생각하지 못한 뇌출혈로 쓰러지신 것이었다. 그것도 가장 예후가 안 좋다는 경막밑출혈이었다.

생명을 건지기 위해 급히 머리에 고인 혈전을 제거하는 응급 수술을 했던 의사가 무서운 말을 전했다.

"어머님은 골든타임을 한참 넘기고 병원에 오셨기에 회복은 불가능합니다. 우선 생명을 구하기 위해 수술을 받으신 것일 뿐, 이제 식물인간이 되실 거예요."

나는 내 귀를 의심했고 도저히 믿을 수 없었다.

그러나 우리 가족은 절망하지 않고 하나님을 신뢰하며 기도하기 시작했다. 제발 엄마가 의식을 찾게 해 주시라고.

엄마는 이듬해 봄, 8개월 만에 기적같이 의식을 찾으셨다. 그때의 감격은 잊을 수 없다. 병실에 들어서는 나를 알아보고 눈을 맞춰 주시던 그 순간, 내 눈에는 감격의 눈물이 끊임없이 흘러내렸다 그 후로 엄마는 말씀은 비록 못하셨지만, 눈의 깜박임과 손에 힘을 주는 방법으로 자녀들과 의사소통하셨다. 물 한 모금 입으로 드시지 못하고 사지 마비의 고통 속에 병상에 누워 계시면서도 우리가 성경을 읽어 드리거나 들은 설교를 요약해서 귀에 대고 들려 드리면 온 힘을 다해 "아멘"이라고 하셨다.

엄마는 2015년 10월 14일, 69세에 쓰러지셔서 9년 동안 병상에서 투병하셨다. 열 차례의 수술을 받으셨고, 여덟 군데의 병원으로 전원하셨다. 그 기간에 엄마를 돌봐 주신 간병인은 모두 합하여 열한 명이었다.

❀ 가장 귀한 엄마의 밥상

그해, 엄마가 쓰러지시기 전에 보낸 2015년 추석은 잊을 수가 없다.

엄마는 마치 엄마의 모든 솜씨를 자랑하시듯, 세 딸이 시댁을 섬기고 친정을 찾았을 때 성대한 만찬을 베풀어 주셨다. 고기 음식을 종류별로 준비하셨고, 나물 반찬도 색깔을 맞춰 여러 가지 하셨다. 엄마는 원래 금손이신데 다른 때보다 더 성대하고 푸짐한 잔칫상을 차려 놓으시고 우리를 맞이하셨다. 음식이 아주 맛있었고 우리 모두 행복했다.

그때 엄마는 대상포진으로 이미 1년 하고도 8개월간 투병해 오면서 많이 편찮으셨고 힘드셨다. 그런 와중에도 맛있게 온 식구에게 대접하고 이제 건강을 회복하리라고 다짐했다고 하셨다.

상에는 먹고 또 먹어도 맛있던 삼색 나물과 한우 양지 고깃국, 돼지갈비 등이 올라와 있었다. 내가 준비해 갔던 전도 상에 올랐다. 엄마는 내가 전을 부쳐 간 것이 그리도 기특하셨나 보다. 그때 내 나이 44세. 중년의 큰딸이 조금 부쳐 온 부침개를 엄마는 참 좋아하셨다. 그 추석날 음식상은 내가 하늘 아래 먹어 본 가장 맛있고 귀한 엄마의 밥상이었다. 다시는 이 땅에서 받아 보지 못할.

엄마가 누워 계신 뒤로 명절이 되면 가족을 챙겨 주시던 엄마의 사랑을 떠올리곤 했다. 갑자기 쓰러진, 집안의 큰 나무이셨던 우리 엄마. 내 마음이 이렇게 아프고 슬프고 힘든데 동생들 또한 얼마나 그럴지 생각하면 가슴이 먹먹했다.

나는 사랑을 정말 많이 받고 자랐다. 친구들이 나를 보면 자기네 엄마는 계모처럼 느껴진다고 할 만큼 엄마의 사랑과 정성은 대단하다 못해, 간혹 유별나기까지 했다. 그 사랑의 농도가 너무 진해서 때로는 부담스러울 정도였다.

이제는 알 것 같다. 왜 그리 큰 사랑을 주셨는지. 엄마의 영혼은 알았나 보다. 엄마의 힘든 노년에 그 사랑을 주시지 못한다는 것을 예감하셨던 것 같다. 엄마는 100세까지 주실 사랑을 69세 10월 14일까지 주신 것이다.

자녀를 향한 그 큰 사랑 중에서도 큰딸인 내가 받은 사랑은 정말 하늘을 두루마리 삼아도 표현이 부족하지 않을까 싶다. 그 내용만 책으로 써도 족히 세 권 이상은 낼 수 있으리라. 아니 열두 권 이상은 족히 나오지 않을까 싶다.

엄마는 사랑으로 우리의 자존감을 높이셨고, 무엇이든 할 수 있다는 자신감을 심어 주셨으며, 품위 있고 명예를 소중히 여기는 격조 있는 삶에 가치를 두게 하셨다. 항상 남을 배려하고 이웃을 돌아보시는 엄마의 삶을 통해 우리는 사랑의 깊이와 넓이를 배우곤 했다.

엄마는 결코 내 자식만 잘되면 된다고 여기지 않으셨다. 심지어는 이웃집 부부가 세 자녀만 두고 자주 여행을 다니자, 부탁한 것도 아닌데 엄마가 그 집에 들러서 자녀를 돌봐 주고 안부를 묻곤 하셨다.

어린 시절에는 소풍 때마다 새 원피스를 사 주셨고, 김치를 담글 때마다 고갱이에 양념을 듬뿍 묻혀서(그것도 내가 싫어하는 건더기 큰 고춧가루는 빼고) 내 입에 넣어 주면서 간을 보라고 하시던 그 사랑, 그 행복.

그 사랑은 흘러 흘러 내가 마흔이 넘은 중견의 교사가 되었을 때도 이어졌다. 더 깊고 넓게.

엄마 덕분에 나는 교사로 일하면서 어린 남매를 잘 키울 수 있었다. 우리 아이들 유치원에서 학부모 참관 활동이 있을 때마다 엄마는 대전에서 올라오셔서 근무 중인 나를 대신해서 손주들에게 엄마의 빈자리를 채워 주셨다. 아이들은 풍성한 추억을 외할머니와 쌓으며 유년을 보낼 수 있었다. 기죽지 않고 허전해하지 않으면서. 그렇게 엄마의 사랑은 손주들과 사위들까지 향했다.

내가 퇴근한 어느 저녁, 엄마는 아파트 장터에서 산 고구마 순으로 감칠맛 나게 무친 나물 반찬과 보글보글 끓는 된장찌개를 준비해 놓고 기다리고 계셨다. 엄마표 된장찌개에는 고추장이 약간 섞이고 송송 썬 풋고추도 들어가서 그 맛이 구수하면서도 칼칼했다.

그것도 부족해서 엄마는 설거지와 뒷정리까지 해 주시면서 나에게 말씀하셨다.

"넌 아이들과 쉬렴."

우리 아이들 유치원에서 학부모 참관 활동이 있을 때마다
엄마는 대전에서 올라오셔서 근무 중인 나를 대신해서
손주들에게 엄마의 빈자리를 채워 주셨다.
… 그것도 부족해서 엄마는 설거지와 뒷정리까지
해 주시면서 나에게 말씀하셨다.
"넌 아이들과 쉬렴."

나는 엄마께 우리 집에 오면 일만 하지 말고 같이 차도 마시고 대화도 하면서 쉬고 가시라고 말씀드렸지만 엄마의 생각은 내 생각과 달랐다. 엄마는 바쁜 딸을 위해 늘 무엇이라도 도와주고 싶어 하셨다.

심지어 대전 가는 막차를 타러 터미널로 향하면서도 음식 쓰레기 봉투를 들고 나가곤 하셨다. 뭐 하나라도 더 도와주시려고. 그 사랑을 내가 다시 어떻게 받으랴.

엄마는 사랑 그 자체이다. 나는 엄마의 사랑을 받으면서 예수님 사랑이 이런 사랑이라고 자주 느끼곤 했다. 엄마를 보면 마치 예수님 사랑이 그 안에 가득하신 분 같았다.

내게만 그러신 것이 아니다. 세 딸과 그 가정의 식구들 모두에게 각자의 형편과 상황에 맞게 최고의 사랑을 주셨다.

추석이 되면 엄마의 그 진한 곰국 같은 사랑이 떠올라서, 동생들 가정과 함께 모여 그 흉내라도 내 보게 된다. 엄마처럼 성대하고 맛있게 식사를 준비하지는 못하지만, 같이 먹고 마시며 웃는 그 시간이 감사하다.

🌸 두통에는 타이레놀이 아니다

잘될 때는 내가 잘한 결과라고 생각하고 감사에는 인색하다. 일이 안 풀릴 때는 하나님을 원망하거나 하나님 탓으로 돌릴 때가 많다.

그러한 인간의 본성으로 나도 하나님을 탓하는 죄를 지을 수도 있었지만, 하나님께서는 나의 과오를 돌아보게 하셨다.

사실 엄마가 뇌출혈로 쓰러지기 전에 두통을 자주 호소하셨다.

"난 왜 이렇게 머리가 아픈지 모르겠다."

나는 그때마다 대수롭지 않은 두통인 줄 알고 타이레놀을 권했고, 별다른 조치나 도움을 드리지 못했다.

그때까지 나의 경험과 사고 속에서 두통은 타이레놀 먹으면 되는 감기 같은 것이었다. 그 이외의 다른 요인이 있을 거라고는 상상조차 하지 않았다. '뇌출혈'이라는 단어 자체가 드라마나 영화 속의 언어인 줄 알고 있었다.

살아가면서 두 자녀를 키우며 나 자신을 추스르기도 바쁘다 보니, 엄마의 두통을 덜어 드리기 위해서는 별다른 노력을 하지 않았다.

건강은 양보할 수 없는 가장 소중한 것이다. 엄마는 평생 가족을 위해 자신의 삶은 없는 것같이 살아오신 분인데, 노년에 미리 전조가 보일 때 그 흔한 엠알아이(MRI)라도 찍어 보자 말씀드리지 못한 것이 얼마나 후회되고 죄송스러운지 이루 말할 수 없다.

하나님께서 엄마를 사고 나게 하신 것이 아니다. 이미 그 이전부터 보이던 전조 증상을 알아보고 엄마 당신이 챙기시거나 식구들이 살펴 드렸더라면, 어쩌면 예방할 수 있었을지도 모르겠다.

그렇지만 지나간 시간을 되돌릴 수는 없다. 두통약만 드시다가 쓰러지신 가엾은 엄마를 생각하면 정말 머리를 땅에 박고 울고 싶다.

이제는 하늘에 계신 엄마께 늦게나마 용서를 구하는 편지를 쓴다.

엄마, 미안해요. 너무 미안해요.

제가 잘 몰랐습니다. 그렇게 힘드신 줄 몰랐습니다. 제가 살기 바빠서 제 삶을 추스르기도 벅차서, 두 아이 키우며 직장에 다니느라 저 자신의 주변 관계를 돌아보기도 바빠서 미처 챙겨 드리지 못했습니다.

엄마는 제게 항상 가장 좋은 것을 주셨고 늘 도와주고 싶으셔서 뭐라도 언제나 먼저 베풀어 주셨는데, 저는 엄마가 도움이 필요했던 결정적인 순간에 아무런 도움이 되지 못하고 그렇게 쓰러지는 상황까지 가시게 했습니다.

엄마, 시간을 되돌릴 수 있다면 얼마나 좋을까요?

엄마, 하늘에서라도 이 못난 큰딸을 용서해 주세요.

이렇게 불효막심한 딸을 엄마는 그럼에도 예뻐해 주시고 너무 큰 사랑을 주고 떠나셨어요.

제가 엄마에 대한 책을 내지만, 이 작은 책에 그 사랑을 담아내기란 불가능할 것 같습니다.

그래도 엄마, 제가 미련하고 너무 둔해서 미리 사고를 막아 드리지 못했지만, 마음만큼은 엄마 곁에 늘 함께했음을 알아주시면 좋겠습니다.

저도 이 글을 쓰면서 저의 잘못을 인정하겠습니다. 제가 할 수 없었음을, 제가 막고 싶었지만 저에게는 그런 능력도 판단력도 부지런함도 없었음을 인정하겠습니다.

정말 죄송합니다. 엄마 ….

엄마가 쓰러지신 것을 우리 가족은 사고로 여겼다. 우리는 한동안 엄마의 사고 원인을 찾느라 애썼다. 엄마가 쓰러지신 후 이송된 병원에서 엄마에게 여러 차례 조영제를 투입하여 뇌를 촬영했을 때 동맥류가 발견됐고

코일 시술을 통해 출혈을 막았다. 그렇지만 의사조차 엄마가 쓰러지신 것이 먼저인지, 출혈이 먼저 있었는지 판단이 안 선다고 했다.

사고 당일, 엄마는 친정집 아파트 거실에서 쿠션을 안고 주무시듯 코를 골며 누워 계셨다고 한다. 그때가 10월 중순이었으니 아직은 그다지 쌀쌀하지 않았지만 그렇다고 거실에서 쿠션만 안고 주무실 만한 날씨는 아니었다. 외출에서 귀가한 아버지가 엄마를 보고는 곤히 자는 줄 알고 깨우지 않으셨고, 잠시 후에 약속된 모임이 있어 다녀오셨다고 한다. 평소에 엄마가 잠자는 도중에 깨우는 것을 싫어하셨기 때문이라고 나중에 아버지는 매우 비통하게 말씀하셨다.

아버지가 누워 있는 엄마를 처음 발견한 시각이 저녁 6시에서 7시 사이, 다시 귀가해서 119안전센터에 신고한 시각이 밤 10시 이후다. 그 이전 엄마의 휴대폰 사용 내역으로 그날의 동선을 추적해 봤더니, 엄마는 낮 2시 이후로 누구와도 통신하지 않으셨다. 골든타임은 이미 한참 지났고, 길게는 여덟 시간, 짧게는 다섯 시간 이상을 그렇게 사경을 헤매셨다.

엄마는 외상으로 이마 쪽이 움푹 패이셨고 응급실에서 촬영했을 당시 뇌출혈이 심해서 생사를 다투는 상태였다. 수술 후 의사는 신난했나. 엄마는 회복될 수 없다고. 그 당시 뇌가 머리 아래로 많이 쏠려서 엄마가 의식을 찾지 못할 거라고 단언했다.

그 후 일주일 동안 우리는 주님 앞에 정말 부르짖어 기도했다. 하나님께 매달렸다. 일주일 후 의사가 놀랐다. 뇌는 성분이 마치 두부처럼 연해서 한 번 아래로 쏠리면 다시 제자리에 자리 잡기 어렵다고 한다. 그런데 엄마의 뇌는 제자리를 잡았다. 비록 뇌 손상은 심했지만 의식을 찾을 수 있다는 희망이 보였다.

그 후로부터 8개월 후에야 엄마는 눈을 뜨셨고 의식을 찾으셨다. 그러나 그날의 기적은 엄마와 우리의 애틋하고 아름다우면서도 너무나 비통한 8년으로 이어지는 출발선이었다.

🌱 나도 엄마니까

엄마가 누워 계신 뒤로 우리 세 자매의 일상은 많이 바뀌었다. 그러나 마냥 슬퍼하거나 낙심할 수 없었던 이유는 우리에게 각자의 가정이 있기 때문이었다. 우리는 엄마가 자신의 생명을 다해 키워 주신 자녀들로서 하나님께서 각자에게 허락하신 가정을 잘 세워 가는 것이 하나님의 뜻이고 엄마도 원하시는 것이라고 믿었다.

우리는 엄마의 딸인 동시에 우리가 낳은 자녀들에게 세상에서 하나뿐인 엄마였다. 우울해하거나 마냥 슬퍼할 수만은 없었기에 최선을 다해 가정을 지켰다.

엄마의 사고는 2015년 10월 14일에 일어났고, 나는 자정을 넘겨 10월 15일 0시 30분경 대전에 사는 고종사촌 언니로부터 엄마의 사고 소식을 들었다. 미친 듯이 울부짖으며 어쩔 줄 몰라 하던 그때, 나의 아들과 딸은 엄마의 오열에 놀라서 방에서 자다가 깨어 거실로 뛰어나왔고 곧 상황을 파악하고 같이 울기 시작했다. 아이들은 갑자기 맞닥뜨린 사랑하는 외할머니의 사고 소식에 주체할 수 없는 눈물을 흘리며 울었다. 그 자녀들을 집에 두고 남편이 운전하는 차 안에서 나 역시 하염없이 흐느꼈고 동생들 또한 같은 상황이었으리라.

그날 이후, 우리 세 자매는 누가 먼저라고 할 것도 없이 서로를 보듬고 챙겨 주며 그전보다 더 가족 사랑을 실천했다. 위기 속에서 더욱 하나 되는 가족애를 느꼈기 때문이다. 엄마의 갑작스러운 사고는 우리로 하여금 서로에게 더 깊은 사랑을 흘려보내게 했다. 왠지 엄마의 몫까지 그 사랑을 표현하고 싶었던 것은 비단 나 혼자만의 생각이 아니었다.

우리 세 자매는 가정을 지키기 위해서라도 낙심하고 있을 수만은 없었다. 처음에 나는 한동안 어쩔 줄 몰라 했고 힘들어했다. 그 이듬해 4월, 우리 부부의 결혼기념일에 남편이 꽃다발을 선물했을 때 나는 남편을 끌어안고 눈물을 흘렸다. 기뻐야 할 그날, 병상에 의식 없이 누워 계신 엄마가 생각나서 사실 너무 우울했고 마음이 슬펐다.

그러나 나는 두 자녀의 엄마였다. 더 이상 우리 가정을 우울한 분위기로 만들 수 없었고, 정신을 차려야 했다. 그 당시 아들이 열네 살, 딸이 열두 살이었다. 십 대를 지나고 있는 자녀들에게 엄마의 자리와 엄마의 정서는 너무나도 중요했기에 자녀들을 위해서라도 힘을 냈다.

나는 슬픔과 힘겨움을 자녀들 앞에서는 되도록 드러내지 않으려 했다. 엄마를 문병하고 돌아오는 차 안에서는 울다가도, 집 안에 들어서면 짐짓 밝은 목소리와 표정으로 자녀들을 대했다. 그러나 잘 지낸다고 생각했던 딸이 중학교에 진학한 후, 해가 거듭될수록 점점 학교생활을 힘들어했다. 성적이 상위권이고 교우 관계가 좋아서 별걱정 안 했는데, 딸의 학교에 대한 부정적 심리가 깊어져 갔다. 이것은 어려서 경험한 특별한 성장 과정과도 관련이 있는 듯했다.

우리 가족은 남편의 늦깎이 유학으로 인해, 북유럽에서 2년 정도 생활한 적이 있다. 그 덕분에 딸은 어릴 때 핀란드에서 2년간 영어 유치원을 다녔고 예술과 어학에 재능이 뛰어났다. 창의성이 풍부하고 표현력이 활발한 아이였다.

그런데 내가 엄마께 매달리는 동안 딸이 한국의 교육 환경 속에서 많이 답답해했다. 매일 반복되는 다람쥐 쳇바퀴 같은 학교생활에 지쳐 있었다. 나는 한참 성장하는 딸의 자존감을 높여 주고 내면의 장벽을 뛰어넘게 해 주고 싶었다. 그 장벽은 딸 안에 자리하는 소심함과 일상에 대한 답답함이었다.

뭔가 돌파구가 필요했다. 시누의 권유로 캐나다 밴쿠버에서 열리는 글로벌 영어 캠프에 딸을 보냈다.

한 달 후, 감사하게도 딸은 더 많이 성장해서 돌아왔다. 아침에 일어나 학교에 가는 딸의 발걸음이 가벼워졌다. 지금 생각하니, 참 잘한 선택이었다. 엄마가 내게 주신 사랑을 본받아 나도 최선을 다해 자녀를 사랑했다. 출국장으로 들어가는 딸의 뒷모습을 보며 눈물 흘렸던 때가 생생한데, 지금 그 딸은 대학생이 되었다.

🌿 회복의 은혜

엄마가 병상에 계셨던 동안, 나 역시 한동안 아파서 치료를 받은 적이 있다. 그때 건강을 회복시켜 주신 하나님께 정말 감사했고 감격스러웠다. 모든 것이 하나님의 은혜이고 내 것이 하나도 없다. 건강, 물질, 시간, 능력, 호흡하는 순간순간의 모든 것이 다 하나님의 것이다.

여생을 주님을 위해 순종하고 그분의 뜻을 이루며 살다가 주님이 부르시면 기쁨으로 천국에 입성하리라!

당시, 나는 어느 날부터 갑자기 아프기 시작했다. 여러 상황 속에서 몸과 마음이 지치기도 했고 직장에서 겪은 교권 침해 사건으로 인해 스트레스가 쌓여 가던 즈음, 건강이 나빠지면서 엄마 생각을 많이 했다.

'엄마가 건강하시다면 이럴 때 얼른 달려오셔서 도와주실 텐데.'

이런 마음에 서글프고 힘들었다. 잠을 이루지 못해 거의 뜬눈으로 지새우고 출근하기를 반복하면서 체중이 많이 줄었다. 건강에는 큰 무리가 없을 거라고 여겼는데 그렇게 아프게 되니, 믿기지 않았다.

그렇지만 남편의 헌신적인 사랑과 돌봄 덕분에 큰 위로를 받았다. 남편은 힘들어하는 나를 위해서 직접 요리를 해 주었다. 연어 구이를 해 주고, 스테이크를 해 주기도 했다. 한밤에 내 손을 잡고 교회에 가서 불 꺼진 예배당에 앉아 간절히 기도해 주기도 했다. 저녁에 퇴근 후 시간이 날 때마다 내 손을 억지로 잡아끌어서 인근 부용천에 데리고 나가 산책을 시켜 주었다.

비는 너무 고마웠지만 마음만큼 쉽게 건강이 나아지지 않아서 너무나도 고통스러웠다. 남편은 말수가 별로 없는 편인데, 나를 위해 이런저런 말을 건네며 용기를 북돋아 주었다.

딸은 내가 기운을 차리라고 자기 용돈을 아껴 석류 엑기스를 사 주었고, 학교 공부를 스스로 열심히 했다. 나는 힘든 중에도 딸의 시험 기간에는 최대한 몸과 마음을 추슬러서 과일을 깎아 책상 위에 올려 주곤 했다. 내가 할 수 있는 일은 그것이 전부였다.

그 당시, 아들이 대학 입시를 준비하는 수험생이었는데도 내가 아프다 보니 밥 한 끼를 제대로 못 챙겨 주었고, 공부하고 집에 늦게 들어오는 아들을 위해 변변한 먹거리 한번 준비하지 못했다. 수험생 아들을 위해 내가 했던 유일한 뒷바라지는 퇴근길, 동네 빵집에 들러 샌드위치를 사 오는 일이었다. 그것이 내가 할 수 있는 최선의 노력이었다.

그해, 스무 살을 맞이한 아들의 생일 축하 케이크를 앞에 놓고 박수를 치면서 겉으로는 웃었지만 마음으로는 울고 있었다. 이렇게 늠름하게 장성한 아들을 위해서라도 반드시 건강을 회복해야겠다는 소망이 간절했으나 마음과 달리 건강은 점점 악화되어 갔다. 그런 상태로 몇 달이 흘렀는데도 좀처럼 나아질 기미가 보이지 않았기에 나는 두려웠고 정말 많이 울었다.

가장 큰 문제는 예배 시간에 집중이 안 되고 찬양을 부르는 것조차 힘겹다는 것이었다. 상황이 이러다 보니 엄마께 문병 가는 횟수도 줄고 어쩌다 가더라도 동생들이 엄마를 위해 기도하는 것을 지켜볼 뿐, 제대로 섬겨 드리지 못했다. 그 힘겨운 시간 동안 동생들은 나의 빈자리를 메꾸느라 몇 배로 애썼다.

안 그래도 힘든 상황에서 큰언니까지 아프니 동생들이 진심으로 걱정해 주고 마음으로 같이 아파했다. 어느 날에는 막냇동생이 전화하다가 흐느꼈다. 동생의 눈물 앞에서 내 마음도 찢어지는 듯했으나 내 힘으로 어쩔 도리가 없었다. 큰동생은 나를 위해 낮이든 밤이든 자주 전화하면서 건강 정보를 여기저기에서 모아다 알려 주고, 때로는 병원 진료에 동행하면서 나를 격려해 주었다.

믿음의 동역자들도 시간을 정해서 기도하고 함께 위로해 주면서 진실한 마음으로 나의 회복을 간절히 바랐다. 나는 하나님께 더도 말고 덜도 말고 예배의 은혜를 다시 회복시켜 주시기를 간절히 눈물로 기도드렸다.

여러 사람의 사랑 어린 수고와 내 마음의 간절한 소원을 주님이 돌아보신 것일까?

좀처럼 회복의 기미가 보이지 않던 건강 상태가 큰동생의 도움을 받아 치료 방법을 바꾸면서 조금씩 나아졌다.

그 무렵 우리 교회에서 매일 묵상하라고 독려하는 「매일성경」을 힘들다는 이유로 보지 않다가 어느 날 무심코 폈는데, 해당 일자의 본문 핵심 구절이 이 말씀이었다.

> 내가 진실로 진실로 너희에게 이르노니 한 알의 밀이 땅에 떨어져 죽지 아니하면 한 알 그대로 있고 죽으면 많은 열매를 맺느니라(요 12:24).

다른 때와 달리 마음에 감동으로 크게 다가왔다. 자주 읽었고 익숙한 본문인데 이날은 그 깨달음의 무게가 달랐다. 마치 어둠 속에 빛이 비치듯, 마음에 안도감과 평안이 스며들었다. 참으로 오랜만에 경험하는 마음의 따뜻함이었다. 누군가 내 손을 붙들어 주는 듯 같은 생각이 들었다. 그날 읽은 요한복음 말씀은 마음에서 샘솟는 생수처럼, 영혼의 닻처럼 생명의 힘이 되어 나를 세워 주었다.

그날 이후로 나는 회복의 속도가 빨라졌고 눈에 띄게 혈색이 좋아졌으며 심하게 줄었던 체중도 정상으로 돌아오기 시작했다. 끊었던 커피도 즐길 수 있게 되었고, 가족을 위해 식사 준비도 할 수 있게 되었다.

다시 주말에 엄마께 가서 간병해 드리기 시작했고, 봄을 맞이하는 나뭇가지의 연초록 잎사귀를 보고 가슴 설레는 생명력을 느끼며 미소 지을 수 있게 되었다. 예전에는 그냥 지나쳤던 평범한 일상의 아름다운 풍경이 경이롭기까지 했다.

딸과 함께 사방이 통유리로 된 전망 좋은 카페에 가서 모처럼 이야기꽃을 피우며 행복해하던 그 아름다운 순간을 잊을 수 없다. 그렇게 주님은 내게 찬란한 회복의 시간을 선물로 주셨다.

❋ 엄마 가슴에 영원히 빛날 일곱 손주

초기 5년은 정말 엄마께 많은 시간과 에너지를 쏟은 듯하다. 코비드 이전에는 평일에도 종종 엄마 병실을 찾았고, 목욕은 간병인과 같이 시켜 드리곤 했다. 코비드 기간에도 가능한 한 자주 뵈려 노력했다.

그 시간의 흐름 속에서 열두 살이던 나의 딸은 이제 스물한 살 숙녀가 되었고, 두 살이던 막내 조카는 열한 살이 되었다.

우리 세 자매도 애쓰고 고생했지만, 남편들도 수고했고 아이들도 각자의 자리에서 함께 노력해 줬다. 엄마의 빈자리를 타박하지 않고 할머니께 마음 편히 다녀오고 간병할 수 있도록 잘 자라 준 우리 일곱 자녀에게 너무나 고맙다.

엄마는 쓰러지시기 전에 하루도 빠지지 않고 아침에 일어나면 제일 먼저 가족의 건강과 평안을 위해 하나님께 기도하셨다. 세 딸과 사위들 그리고 엄마 가슴속 빛나는 보석과 같은 일곱 손주를 위해서. 어쩌면 엄마의 그 기도는 병상에 누워 계신 9년 동안에도 이어졌는지 모른다.

나는 아들과 딸, 두 자녀를 두었다.

나의 아들은 대학을 다니다가 현재 공군 헌병으로 복무하고 있다. 이 아들은 우리 엄마의 기쁨이고 자랑이었다. 어머니 세대에는 아들을 낳는 것이 소원 중의 소원이었으나, 하나님께서는 나의 엄마에게 딸 셋만 허락하셨고, 엄마의 소원은 이루어지지 못했다.

엄마가 쓰러지신 후 우리는 세 자매라서 얼마나 감사했는지 모른다. 우리가 한마음이 되어 그 힘든 시간을 살아 낼 수 있었던 것은 자매였기에 가능했다. 우리는 무슨 일에서든 마음이 잘 통했고, 어떤 상황에서도 서로의 입장을 헤아리며 결정했다. 그렇지만 엄마 자신은 평생 아들을 낳지 못한 아쉬움이 크셨다. 그 득남의 기쁨을 나의 아들을 통해 맛보셨다. 손자가 태어난 후 엄마 얼굴에서는 웃음이 떠나지 않았다.

"천하를 얻은 것 같다."

이런 말씀도 하셨다. 얼마나 기쁘셨던지 아들의 백일잔치는 엄마께서 밤새워 손수 만들어 오신 음식으로 상차림을 했다. 엄마는 정성껏 만드신 음식을 여덟 개의 보따리에 나누어 담아 대전에서 인천까지 기차를 타고, 또 내려서는 버스를 갈아타시면서 들고 오셨다. 막냇동생이 곁에서 동행하기는 했지만 나라면 꿈도 꾸지 못할 일이다.

그때는 토요일 근무를 할 때였는데, 내가 퇴근하고 집에 들어서니 엄마가 한 상 가득히 백일잔치 음식을 차려 놓고 반기셨다. 시어머님과 시누이들, 동생들까지 모두 집으로 초대해서 아들의 백일을 축하할 수 있었던 것은 이러한 우리 엄마의 사랑 덕분이었다.

아들이 두 살 때, 겨울방학을 맞아 대전 친정에 아들을 데려가 머물렀다. 그때 첫눈이 내렸는데 온 세상이 하얀색이었다. 엄마는 난생처음 눈을 보며 신기해하던 손자를 한밤에 데리고 나가서 신나게 놀아 주시고, 손자의 첫눈맞이를 마음껏 축하해 주셨다.

나의 아들이 장성하여 군에 입대하고 진주에 있는 공군교육사령부에서 훈련을 마쳤다. 자대 배치를 받기 직전, 극적으로 특별 휴가를 받을 수 있었던 것은 하나님의 은혜였다. 엄마의 마음에 간직한 맏손주를 향한 특별한 사랑을 하나님은 아셨다. 맏손주에게 할머니 얼굴을 뵙고 인사드리는 시간을 허락하셨던 것이다. 그때가 천국 가시기 5일 전이었다. 엄마께서 나의 아들을 한참 응시하며 반가워하시던 모습이 지금도 눈에 선하다.

나의 딸은 한창 즐겁게 생활하는 대학교 1학년생이다. 딸은 어릴 때 외할머니의 사랑을 듬뿍 받았고 함께한 시간도 많았다. 엄마는 근무하는 나를 대신해서 대전에서 내가 사는 의정부로 올라오셔서 딸의 유치원 행사에 항상 참석해 주셨다. 그래서인지 딸이 기억하는 할머니와의 에피소드가 많다.

엄마는 대전에서 백화점이나 마트에 갈 때 예쁜 머리핀이나 공주 머리띠, 예쁜 옷을 보면 사 두셨다가 손녀를 만날 때 선물 꾸러미를 펼치시곤 했다. 색깔별로, 종류별로 다양한 선물을 받은 딸은 마냥 행복해했다.

한번은 딸과 우리 엄마가 찜질방에 같이 다녀왔다. 거기서 어린 손녀가 구운 계란과 식혜를 사 주었다고 엄마가 행복한 표정으로 말씀하시던 기억이 난다.

또한, 엄마는 나의 딸이 아주 어릴 때부터 아이의 인격을 매우 존중해 주시고 그 마음을 섬세하게 헤아려 주셨다.

딸이 유치원에 다닐 때쯤이었던 것 같다. 어린 딸을 데리고 마트에 가서 옷을 사줄 때였다. 나는 탈의실이 아닌 옷 가게 한가운데서 딸이 입고 있던 상의를 벗기고 새 블라우스를 입혀 보려 했다. 그것을 보신 엄마는 옷 가게 구석에 있던 파티션 뒤로 딸을 데려가 입혀 주시면서 나를 나무라셨다.

"아무리 어려도 지나가는 사람이 다 보는 곳에서 그렇게 하면 아이가 부끄러워해."

딸의 얼굴을 살펴보니 아닌 게 아니라 표정이 좋지 않았다. 내게는 보이지 않는 것이 엄마께는 보이는 것이 신기했다.

이런 두 자녀가 장성해서 이십 대 청년의 시절을 보내고 있다. 세상에 재미있고 눈길을 끄는 것이 많은 듯하나, 다 사라질 안개나 이슬 같은 것이다.

이십 대의 청년 시절을 주님을 아는 데 힘쓰는 인생이야말로 그 앞길이 형통할 것이며, 그렇게 하는 것이 인생을 돌아서 가지 않고 시온의 대로처럼 활짝 펼쳐진 길로 달려가는 비결이리라!

큰동생은 아들 셋을 두었다.

큰동생의 큰아들은 하나님께서 음악에 천부적 재능을 주셔서 바로크 음악, 고전주의나 낭만주의 곡들을 피아노로 연주해서 가족 채팅방(단톡방)에 올리곤 한다. 덕분에 우리 가족의 귀가 행복하다. 큰조카는 어릴 때부터 지적 탐구심이 뛰어나고 사물의 이치를 연구하는 것을 즐겨 했다. 어렸을 때 한강에 가서 모래 놀이를 해도, 구상도를 그리고 역학을 이용한 다양한 모래 구조물을 만들면서 놀았다. 엘리베이터 안에서 갑자기 "라미"라고 외친 에피소드는 지금도 종종 이야깃거리가 되곤 한다. 알고 봤더니 엘리베이터 문 개폐 시에 울리는 소리의 음정을 파악하고 계이름을 말한 것이었다. 믿음 가운데 무럭무럭 자란 그를 주님이 선하게 인도해 가실 것이라고 믿는다.

큰동생의 둘째 아들은 성격이 호탕하고 남을 배려하는 사회성이 뛰어나서 어디를 가든 친구를 잘 사귀며 자신에게 주어진 일을 성실하게 하는 착한 아이다. 내 아들이 대학 입시 수험생이었을 때 큰동생 집에 가서 두어 달 공부한 적이 있었는데, 이 둘째가 자신의 책상을 사촌 형에게 양보하고 형의 수험생 생활을 도왔다. 그 일은 시간이 흘러도 참 고마운 기억으로 나와 아들에게 남았다.

큰동생의 막내아들은 막내이어선지 매사에 붙임성이 있고 사랑스럽다. 독서를 매우 좋아해서 다방면에 상식이 풍부하다. 비행기의 종류와 특징 같은 것을 줄줄 외워서 들려줄 때는 마치 그림이나 사진을 보듯 생생하게 전달되어 흥미진진하다.

막냇동생은 두 딸을 두었다.

막냇동생의 큰딸은 친구를 많이 교회로 전도하고 공부도 열심히 하며, 남을 섬세하게 배려하는 아름다운 인성을 지닌 사람으로 자라고 있다.

우리 엄마가 이것을 곁에서 보셨다면 얼마나 흐뭇하셨을까?

엄마는 직장 일로 바쁜 막냇동생 부부를 대신해서, 막냇동생의 큰딸을 생후 3개월부터 5세까지 사랑과 정성으로 키워 주셨다.

엄마는 그 손녀딸이 어린 시절에 유치원에 가기 싫어할 때, 유치원 가는 길목의 나무마다 먼저 가서 초콜릿을 걸어 두시고 이렇게 말씀하셨다.

"초콜릿 나무 열매 따러 가자!"

그렇게 해서 유치원에 가는 발걸음을 즐겁게 해 주셨다.

그만큼 사랑하시니까 눈높이에 맞춘 할머니표 육아였으리라!

조카가 그런 사랑을 받았기에 안정된 정서를 가지고 어여쁘게 자라서 하나님을 기쁘시게 하는 믿음의 사람이 되어 가는 것 같아 감동적이다. 우리 엄마의 깊은 사랑의 열매를 보는 것 같다. 엄마도 천국에서 손녀딸을 보면서 응원하고 계실 것이다. 세상에서 가장 사랑하는 사람이 "대전 할머니"라고 주저 없이 말하던 그 조카에게, 이제 그 할머니가 이 아이를 위해 쓰신 육아 일기를 건네줘야겠다는 마음이 든다. 엄마가 친필로 쓰신 여러 권의 육아 일기를 내 서랍 속에 간직해 왔다. 오는 가을 추수감사절에 입교하는 조카에게 선물로 주려 한다. 엄마도 그것을 원하실 것 같다.

엄마는 일곱 손주의 막내인 막냇동생의 둘째 딸이 돌잔치를 한 후 5개월이 채 안 되어 쓰러지셨다. 그래서 동생의 둘째 딸은 할머니 얼굴을 잘 모르지만, 아기 때 할머니가 함께 놀아 주시던 모습이 사진으로 남아 있다. 엄마가 건강하셨다면 막내 손주를 사랑으로 돌봐 주시고 다른 손주들 못지않게 많은 추억을 만들어 주셨을 것이다.

우리 막내 조카는 할머니 기억이 안 날 텐데도 말문이 트이면서 자기 전에 꼭 할머니를 위해 기도했다고 한다. 막냇동생의 엄마에 대한 사랑이 막내 조카에게도 전해졌나 보다. 얼마나 기특하고 고마운지.

막내 조카는 음악적 재능과 청음 실력이 뛰어나다. 한번 곡을 들으면 악보를 보지 않고도 피아노로 연주할 수 있는 재능을 주님이 주셨다. 언변이 좋아서 조리 있게 자기 의견을 표현하는 당당함이 사랑스럽다.

막냇동생이 엄마로 인해 가슴 아파하고 눈물지을 때, 이 두 딸이 자기 엄마를 끝없이 신뢰하고 사랑의 표현을 많이 해서 큰 위로가 되었다고 한다.

엄마의 귀한 후손인 우리 일곱 자녀의 앞길을 축복하고 주님 손에 올려 드린다.

마지막 1년

이 책은 의정부교육지원청에서 진행한 〈교사·학생 나도 작가 프로젝트〉에 교원으로서 연수 신청을 한 것을 계기로 쓰게 되었다. 공문을 보고 9월에 신청을 했고, 연수는 10월 초에 시작됐다. 그런데 그 연수 첫날 엄마가 소천하셨고, 나는 장례를 치르느라 그 연수 기간을 다 채울 수 없었다. 총 4회 연수 중에서 마지막 4회 일부를 들었을 뿐인데, 담당 장학사님은 감사하게도 내게 기회를 주셨다. 나는 그렇게 책 만들기 프로젝트 막차에 탑승했고, 당시 원고 제출 기한이 임박했기에 엄마께서 우리 곁에 계셨던 마지막 1년을 중심으로 이야기를 써 내려갔다.

하나님이 엄마를 천국 본향으로 부르시기 전까지, 엄마는 사지 마비의 장애 1급 상태로 햇수로 9년 동안 병상에 누워 계셨다.

그때 엄마의 하루는 단순하고 무료했다. 간병인이 하루 세 번 피딩(feeding, 코나 배에 줄을 연결하여 영양분을 공급하는 의료 행위)과 체위 변경을 해 드리고 기저귀를 때맞춰 바꿔 드렸다. 그렇게 지내시다 보면 밤이 되고, 주무시고 나면 아침을 맞으셨다. 다시 같은 일상이 반복되었다. 정해진 시간이 되면 간병인이 휠체어에 태워 모시고 이동해서 재활 치료를 받게 해 드렸다.

그렇게 엄마는 답이 없는 듯한 힘겨운 일상을 살아 내고 계셨다. 어떤 노력조차 할 수 없는 상황에서 막막함, 비참함을 견디셔야 했다.

'무엇이 엄마께 최선이고, 하나님은 어떤 계획이실까?'

나는 이런 자문을 계속했다. 엄마를 계속 병원에 계시게 하는 것이 못내 마음이 아팠다. 또한, 아버지의 거처도 마음에 쓰였다.

비켜 갈 수 없는 세월

엄마가 쓰러지신 그 이듬해, 상심하여 힘들어하시던 아버지를 대전에서 의정부로 모셔 왔고, 처음에는 우리 집에 모셨다.

방은 세 칸이고 당시 자녀들은 열다섯 살, 열세 살 남매로서 각자 방을 써야 했기에 아버지는 중학생 아들과 같은 방을 쓰셨다. 그러나 할아버지와 손자의 생활 리듬이 달라서 서로 불편한 상황이었다.

두어 달 지나서 막냇동생이 아버지를 모셔 갔고, 그때부터 6년을 동생 내외가 모셨다. 동생은 두 딸을 같은 방에서 지내게 했고, 아버지가 편하게 지내시도록 아버지가 사용하실 방에 있던 동화책, 장난감 같은 물품을 거실 사면에 두고 생활했다.

인생에서 가장 바쁜 시기가 어린 자녀들을 양육할 때인데 직장 다니랴 육아하랴 아버지 봉양하랴 몸이 몇 개라도 모자랐을 동생은 묵묵히 그 수고를 감당했다. 멀리 서울로 출퇴근하던 제부 역시 늦은 밤에 퇴근하면서 주무시는 장인어른이 깰까 봐 발뒤꿈치를 들고 조용히 방으로 향하곤 했다. 동생 부부의 심김은 고마움을 넘어선 감동이었다.

아버지는 손녀들의 성장하는 모습을 지켜보면서 행복하셨다. 동생의 퇴근이 늦어질 때는 단지 내 어린이집에서 어린 손녀를 데려오면서 고사리 같은 손녀의 손을 잡고 아파트 화단가를 거니시거나 편의점에서 과자를 사 주곤 하셨다. 친정아버지 나름대로 육아를 도우셨다.

그렇게 지내시던 아버지도 세월을 비켜 갈 수는 없었기에 몸이 노쇠해지면서 보행에 어려움이 생기셨다. 아버지는 균형을 잡지 못하고 넘어지시는 일이 빈번해졌고 위험한 상황에 직면할 때도 많아졌다. 두루 알아본 끝에 환경이 쾌적하고 섬김의 서비스가 좋다고 소문난 한 실버타운에 입주하시게 되었다.

엄마가 그 힘든 세월을 견디시는 동안, 아버지는 연로해지시고 많이 쇠약해지셨다. 나는 처음 아버지가 대전에서 의정부로 올라오실 때와 또 다르게 약해지셨다는 것을 느꼈다. 처음에는 부용천을 하루에 두 시간씩 산책하면서 힘차게 걸으셨는데 나중에는 그렇게 하시기 어려워하셨다.

그때 마침 막냇동생이 아버지를 모시고 제주도에 다녀오자고 제안했다. 동생은 아버지 때문에 마음 아파했다. 예전에 아버지를 모시고 일본에 다녀온 적이 있었다. 그때 아버지는 호텔에서 영어로 대화하시고 매우 활력 있게 온천도 즐기셨다. 이제는 하루가 다르게 약해지시는 것이 눈에 보여 나 역시 마음이 아팠다.

세월 앞에는 장사가 없다고 하지만 엄마가 쓰러지셔서 투병하시면서 아버지 또한 밤에 홀로 깨어 눈물 흘리시는 일이 많았다. 인생이란 것이 만만치 않고 아픔과 수고의 연속이다. 우리 세 딸을 교사로 길러 주셨고 일곱 명의 손주가 멋지고 예쁘게 잘 자라고 있는데, 가장 효도를 받고 누리셔야 할 시기에 뇌출혈로 쓰러지신 엄마. 그리고 그 엄마를 지켜 주지 못했음에 괴로워하시는 노년의 아버지. 두 분을 생각하면 인생이 쉬운 것이 아님을 절감했다.

당시 엄마는 병원에서 간병인이 보살펴 드리지만 아버지는 우리 손에 하나님이 맡기셨다고 생각했다. 아버지를 잘 챙겨 드리고 좋은 것을 잡수시게 하고 싶었다. 교회에도 잘 모시고 다니면서 예배를 그토록 사모하시는 착한 우리 아버지가 하나님과 동행하는 은혜가 깊어지는 노년을 보내시도록 잘 섬겨 드리고 싶었다.

하지만, 아버지가 하루가 다르게 쇠약해지시니 그저 안타깝고 마음이 아팠다.

나는 동생의 말을 듣고 12월 초에 아버지 생신 기념 여행을 다녀오기 위해 학교에 연가를 냈다. 학년 말에는 성적 처리 등으로 바쁘지만 더 늦기 전에 아버지를 모시고 여행을 가기로 했다.

2박 3일간 제주에서 아버지와 추억이 담긴 사진을 찍고 맛난 음식도 사 드리면서 모처럼 힐링의 시간을 가졌다. 아버지는 협재해수욕장의 카페에서 바라다본 바다를 좋아하셨고, 여미지식물원의 아름다운 꽃을 보며 즐거워하셨다. 안타깝게도 걷기 힘드셔서 휠체어로 이동할 수밖에 없었지만, 그래도 그만큼이라도 구경하실 수 있어서 감사했고 이런 생각이 들었다.

'기회 있을 때 잘 섬기고 싶다.'

그런데 여행 다녀와서 잘 지내시는 줄 알았는데, 실버타운에 계시던 아버지께서 갑자기 폐렴에 걸리셨다. 평생 그런 질환을 앓으신 적이 없었는데, 흡인성 폐렴이 발생했다.

아버지는 대학병원에 입원하셔서 치료를 받았지만, 구역 반사(음식이나 이물질이 기도로 넘어가는 것을 지지하는 반사 작용)가 안 되어 물만 삼켜도 흡인성 폐렴이 악화되었다. 아버지는 식사하지 못하고 야위어 가셨다. 엄마가 투병하시는 것만으로도 우리의 가슴이 미어지는데 잘 버텨 주시던 아버지마저 입원하시고 식사조차 하지 못하시니 나와 동생들은 어찌할 바를 몰랐다.

아버지는 병원에서 일주일 남짓 치료를 받으셨는데, 간병인이 몇 번씩이나 내게 전화했다.

"아버님 입에 음식을 넣어 드려도 씹지 않으시고 그대로 입에 머금고 계세요."

나는 걱정이 되어 그냥 있을 수 없었다. 간병인에게 유급 휴가를 드리고 내가 크리스마스에 1박 2일 간병을 해 드리고 나서야, 아버지는 비로소 식사를 하게 되셨고 기력을 찾으셨다. 환자에게는 가족의 사랑과 정서적 지지가 가장 중요한 것 같다.

아버지는 생각보다 오랜 시간이 지나서야 회복되셨고 아무래도 가족이 곁에서 살펴 드려야 할 것 같았다.

집 한 칸이 없으시다니

아버지를 실버타운에서 모시고 나와 다시 우리 집으로 모셨다. 대학생이 된 아들과 같은 방을 쓰시게 되었는데, 이번에도 서로의 생활 리듬이 달랐다. 아들은 자다가 할아버지께 이불을 덮어 드리기도 하고 여러모로 잘 섬겼지만, 낮과 밤의 생활 패턴이 서로 달라서 계속 한방을 쓰는 것이 쉬운 일은 아니었다. 아버지를 위해서 편안한 거처를 마련해 드리는 것이 필요했다.

"간병인을 두고, 부모님을 한집에 모시면 어떨까?"

우리 세 자매는 그런 방안을 모색하기 시작했다.

우리 집으로 오신 아버지는 다행히 컨디션이 좋아지신 것을 넘어서 거의 기적처럼 정말 많이 건강해지셨다. 말씀도 잘하시고, 잘 걸으시고, 허리도 꼿꼿해지시고, 폐렴도 완전히 나으셨다.

아버지의 건강이 많이 좋아지셔서서 정말 감사했다. 그렇게 우리를 인도하시는 하나님의 사랑과 은혜가 감사하고 또 감사했다. 아버지는 85세에 헤브론을 차지한 갈렙 같으셨다. 아버지께 이 말씀을 드리고 싶었다.

"아빠, 사랑해요. 감사합니다. 이만큼 힘내 주셔서 고맙습니다."

아버지는 폐렴이 완치된 후에도 걸음걸이가 불안정하고 혼자 보행이 힘드셨는데 점점 활기 있게 혼자서도 잘 걸으셨다. 막냇동생은 아버지를 뵐 때면 이렇게 말했다.

"정말 든든하고 자랑하고 싶은 아버지를 뵙니다."

아버지는 우리 집 빨래를 개고 파를 다듬어 주셨으며, 현관에 놓인 신발을 가지런히 정리해 주기도 하셨다. 나는 집안일을 도와주시는 아버지께 감사했고 깨닫는 것이 있었다.

'이렇게 연로하셔도 자녀를 돕고 싶은 것이 아버지의 마음이구나!'

아버지를 생각하면 청춘을 독수리같이 새롭게 하신다는 말씀이 종종 생각나곤 했다. 아버지의 청춘을 독수리같이 새롭게 하시는 하나님께 감사했다.

> 내 영혼아 여호와를 송축하라 내 속에 있는 것들아 다 그의 거룩한 이름을 송축하라 내 영혼아 여호와를 송축하며 그의 모든 은택을 잊지 말지어다 그가 네 모든 죄악을 사하시며 네 모든 병을 고치시며 네 생명을 파멸에서 속량하시고 인자와 긍휼로 관을 씌우시며 좋은 것으로 네 소원을 만족하게 하사 네 청춘을 독수리같이 새롭게 하시는도다 여호와께서 공의로운 일을 행하시며 억압당하는 모든 자를 위하여 심판하시는도다 (시 103:1-6).

당시 우리는 아버지의 건강이 호전되면서 이런 희망을 가졌다.

'근처에 아버지 집을 구해 드리고, 사람을 두고 거기서 엄마도 돌볼 수 있지 않을까?'

우리는 요양보호협회에 알아봐서 사람을 구하기로 했다. 요양보호사 자격을 가진 입주 간병인을 알아보았고 면접 일자를 약속했다.

그러나 보수로 4백만 원을 받고 하겠다던 사람이 면접 자리에서 다른 말을 했다.

"이 집은 메리트(장점)가 없어요."

그래서 내가 물었다.

"그럼 왜 오셨어요?"

그분은 죄송하다고 하며 바로 일어서서 나갔다.

그 후에 다른 사람도 면접을 보았지만 아무래도 쉽지 않을 듯했다. 그 사람은 이렇게 말했다.

"거실을 차단해서 아버님이 마음대로 오가지 않게 해 주세요."

즉, 자신만의 공간을 확보해 주어야 하고, 엄마를 간병할 때 집 거실에 아버지가 아무 때나 나오면 안 된다는 뜻이었다. 간병인 나름의 입장이 있겠지만, 그렇게 하면 아버지는 주인이지만 얹혀사는 세입자 같은 입장이 된다. 주객이 전도되는 것이다.

우리는 더 바빠지는 것을 감수하고서라도 엄마를 가까이 뵙고 아버지께도 공간을 마련해 드리고 싶었으나 아무래도 현실적으로 어려울 듯했다.

'대전에 있는 그 좋은 집에 계셔야 할 우리 부모님이 이렇게 집 한 칸 없이 계시다니!'

그런 생각으로 슬프고 마음이 아팠다. 부모님이 사시던 아파트는 대전에서 역 앞에 있고 백화점과 대형 마트도 가까워 좋은 주거 조건을 갖추었다. 그 좋은 집을, 엄마가 쓰러지시면서 아버지도 더 누리지 못하고 고향을 떠나오시게 되었다.

집과 간병인을 구하는 일이 꼬이는 것을 보니 아무래도 그 길은 하나님이 인도하시는 길이 아닌 듯했지만, 엄마가 병원에서 계속 계셔야 하는 것이 안타까워서 쉽게 포기하지 못했다.

오랫동안 병원에 계시면서 자녀들을 마음대로 만나지 못하시는 우리 엄마가 얼마나 외롭고 힘드실지 생각하면 너무 가엾게 느껴졌다. 집으로 모셔 오면 자주 뵙고 찬송도 불러 드리고 아무 때나 뵐 수 있으니 좋을 것 같았다.

그렇지만 구체적으로 생각하면 결코 만만한 상황이 아니었다. 만일 갑자기 엄마가 어디 아프시기라도 하거나 응급 상황이 발생한다면, 의사가 없는 집에서 어떻게 해야 할지 대책이 안 섰다.

당시 우리의 바람은 같았다. 세 자매 다 같은 생각을 했다. 엄마가 오래 연명하기보다 비록 짧게 사시더라도 식구들 곁에서 가족의 사랑과 온기 속에 계시기를 원했다. 그런데 그 바람을 이루기가 그렇게 힘들 줄이야.

그렇다고 직장에 나가는 우리가 집에 들어앉을 수도 없었다. 직장을 그만두기에는 자신이 없었고 마음이 힘들 것 같았다. 우울해질 수도 있다고 생각했다. 간병에만 집중하는 시간이 언제까지 이어질지 당시에는 전혀 알 수 없었기에 쉽게 결정하지 못했다.

이제 돌이켜 생각해 보면, 왜 집에서 엄마를 한 달이라도 모셔 보지 못했는지 마음이 아프다. 우리 집에 그럴 만한 공간이 없다는 게 가장 큰 이

유였고, 직장에 다녔으며, 간병 자체가 너무 힘이 드는 고된 일이라 솔직히 자신이 없었다.

아버지 집을 따로 구해 드리고 거기서 엄마를 간병하는 일은 많은 고민 끝에 결국 추진하기 어렵다고 판단되었다. 몇 번의 면접을 보았으나 적합한 사람을 구하지 못했다. 우리 세 자매는 모두 교사여서 방학 중에 아버지의 이사 계획을 실행하려고 했으나, 더 이상 사람을 구하지 않게 되었다.

아버지께서도 그런 상황에서는 너무 울적해지실 것 같았다. 집주인인데도 마음대로 거실로 나가지 못하고, 간병인 눈치를 보며, 늘 누워 계신 엄마를 봐야 한다면 너무 괴로우실 것 같았다. 그런 상황에 도대체 누구 좋으라고 집을 얻는단 말인가 하는 의문이 들었다.

부모님을 돌봐 드릴 사람을 구하지 못해 애를 먹던 중, 큰동생이 한 가지 아이디어를 냈다. 당시 엄마를 병원에서 5년째 간병해 온 간병인이 있었다. 그분은 중국에서 건너오신 분으로, 우리는 그분을 경자(가명) 이모라고 부를 정도로 믿고 가깝게 지냈다. 동생은 이분이 요양보호사 자격증을 딸 수 있도록 지원해 드리고, 그 후에 경자 이모가 병원이 아닌 집에서 입주 간병인으로 엄마를 보살펴 드리면 좋겠다고 생각했다.

동생의 말이 지혜롭게 느껴졌다. 경자 이모가 자격증을 따는 데 드는 비용을 우리가 지불해서라도 그렇게 진행하고 싶었다. 현실적으로 가장 타당해 보였기 때문이다.

그런데 막냇동생이 엄마를 면회하러 가서 경자 이모께 여쭤 봤더니, 이렇게 답하셨다고 한다.

"좋은 생각이야. 그런데 난 곧 중국으로 귀국해야 해."

여러 번 머리를 맞대고 상의한 끝에 생각해 낸 것인데 이룰 수 없게 되어서 아쉬웠다. 그때부터는 엄마를 위해 마음씨 좋은 간병인을 새로 만나게 되기를 기도했다.

막냇동생은 엄마가 너무 가여우시다고 어찌해야 좋을지 모르겠다고 했다.

어찌 그것이 막냇동생의 마음뿐이었겠나!

우리 모두의 마음이었다. 내 생각에 하늘이 울고 땅이 운다는 표현이 이럴 때 쓰는 말 같았다.

엄마가 이름을 부르시다!

당시에 경자 이모가 큰동생에게 자신이 출국하면 엄마를 괜찮은 요양원으로 옮겨 모시고 자주 가 뵙는 것도 한 방법이라고 했다고 한다. 큰동생은 간병인이 갑이 되는 개인 간병에 대해 마음 한편에 회의감을 가지고 있었다. 경자 이모가 엄마 곁을 떠나시면, 하루에 2회밖에 하지 않는 병원 재활 치료는 더 이상 의미가 없으니 요양원으로 옮기거나 다인 간병을 알아보자고 했다. 동생의 말을 들으면서 생각했다.

'난 아직 그렇게 할 마음의 준비가 안 되었는데 ….'

아무래도 엄마의 후견인을 맡아서 모든 재정을 관리하는 큰동생 입장에서는 여러 요인을 장기적으로 내다보고 대비해야 한다는 책임감이 있었을 것이다.

우리는 퇴근 후, 저녁 식사와 집안일을 다 마친 깊은 밤에 세 자매 단톡방을 통해 정말 많은 것을 상의하곤 했다. 당시에는 주로 부모님을 보다 더 편안하고 안정된 환경에서 섬기기 위한 방법을 논의했다. 엄마에 관해서는 경자 이모의 말처럼 요양원으로 옮겨 모시는 것도 긍정적으로 검토해 보았다. 아버지 섬김도 중요하니까 아버지의 거처 문제에 대해서도 계속 의견을 나눴다.

그 무렵 주말에 간병인이 휴가를 가고 막냇동생이 엄마를 간병했다. 그때 갑자기 내 휴대폰 벨이 울렸다. 동생이 감격에 벅찬 소식을 내게 전했다.

"언니, 엄마가 내 이름을 불러 주시고 고개를 끄덕여 주시기까지 했어."

동생은 감격해서 펑펑 울었다. 나는 그런 엄마를 위해 우리가 할 수 있는 최선은 무엇일지 생각했다. 다시 좋은 간병인을 만나기를 기도해야겠다는 생각도 들었지만, 그것보다 하늘의 보좌를 움직이는 기도를 올려서 엄마가 이 시대의 나사로가 되도록 간구해야겠다는 생각이 밀려왔다.

"주님, 엄마를 일으켜 주세요."

★ 예언의 서막, 보라카이 저녁놀

막냇동생네 가정과 나의 가정이 필리핀 보라카이로 여행을 다녀온 적이 있다. 그때 큰동생은 일정이 맞지 않아서 가지 못했고, 우리 두 가정이 여행 간 사이에 아버지를 섬겼다. 모처럼 큰동생네 집에서 아버지는 행복한 시간을 보내셨다. 일전에 내가 아버지를 모시고 일본에 여행 갔을 때에도 큰동생이 자녀들을 다 돌봐 줬다. 동생의 수고에 고맙다.

큰동생 덕분에 우리는 한가롭게 여행을 즐겼다. 보라카이의 그 하얀 백사장과 푸른 바다 그리고 황홀한 저녁놀이 화려하다 못해 숭고하리만큼 장엄하게 펼쳐지던 바다 위의 해넘이가 기억난다.

거기서 우리는 세일링 보트(sailing boat, 큰 돛단배)를 두 번이나 타고 항해를 만끽하며 추억을 남겼다. 특히, 두 번째 항해는 너무나 감동적이었다. 자연의 장관에 압도되어 우리는 많은 것을 느꼈다.

우리 인생이 얼마나 작은 존재인지, 하늘이 얼마나 넓은지, 또 저녁놀은 얼마나 아름다운지!

마치 죽음조차 아름다운 듯한 상념을 갖게 하는, 그 질주하던 세일링 보트에서의 가슴 벅찬 감동을 우리는 잊지 못할 것이다.

"유난히도 아름답네!"

우리는 서로를 바라보며 이 말을 되뇌었다. 그날 너무나도 아름답게 펼쳐지는 장관 앞에서 우리는 할 말을 잃었다. 우리가 지닌 언어로는 그 감동을 표현할 수 없었다. 영혼을 압도하는 자연의 경이로움을 느끼며 엄마를 떠올렸다. 아마도 엄마의 마지막을 보여 주는 예표로 느꼈던 것은 아니었을지 ….

필리핀 보라카이의 저녁놀, 그것은 마치 엄마의 인생을 조명하는 듯했다. 그 해넘이는 마치 엄마의 인생 항해 같았다.

엄마는 한 번도 당신을 먼저 주장하지 않으셨고, 그 어느 때 어느 곳에서도 이상하리만큼, 흡사 이 세상에 속한 성정이 아닌 것처럼 여겨질 만큼 심성이 이타적이셨다. 특히, 가족 사랑에 헌신하신 한 알의 밀알이셨다. 엄마의 그 사랑을 우리 모두가 알고 있다. 엄마를 추억하는 많은 이가 안다.

그날 너무나도 아름답게 펼쳐지는 장관 앞에서
우리는 할 말을 잃었다.
우리가 지닌 언어로는 그 감동을 표현할 수 없었다.
영혼을 압도하는 자연의 경이로움을 느끼며 엄마를 떠올렸다.
아마도 엄마의 마지막을 보여 주는 예표로
느꼈던 것은 아니었을지 ….

엄마는 팔 남매의 다섯째로 태어나셨다. 어려서부터 필력이 좋으셨고, 계산력과 암기력도 뛰어나셔서 학습에 능하셨으며, 지혜롭기가 이루 말할 수 없었다고 한다. 현재 교사로 근무하는 세 딸의 모든 지혜와 능력을 다 합해도 지혜로는 엄마를 따를 수 없다. 엄마는 정말 지혜로우시고 총명하셨다.

엄마는 리더십이 뛰어나셨고, 사람들을 화합하게 하는 온유하고 강한 힘이 있으셨다. 누구와 다투시거나 무리하게 욕심을 부린 적이 없으셨고, 거의 빈틈없이 일 처리를 잘하셨으며, 성실 그 자체이셨다. 주변의 많은 사람이 엄마를 따랐고, 엄마가 계신 곳에는 늘 평화와 안정감이 넘쳤다.

엄마는 별명이 천사였고, 그 마음의 성정이 곱고 선하기가 이를 데 없었다. 사랑이 많으셨고, 매사에 사리 분별이 분명하셨다. 슬픔에 처한 자를 진심으로 위로하셨고, 경우에 어긋남 없이 주변 사람을 잘 챙기셨다.

세월이 지나 내가 두 남매의 엄마가 되고 보니, 부모의 자리가 얼마나 벅차고 힘겨운지 알게 되었다. 자녀를 통해 행복과 기쁨과 환희의 순간을 깊이 경험한다. 그러나 그와 동시에, 부모로서 느끼는 책임감의 무게는 정말 세상의 그 무엇보다 크다는 것도 알게 되었다. 자녀를 위해서라면 못할 것이 없고, 이 세상의 가장 좋은 것은 다 자녀를 위해 주고 싶은 것이 부모의 마음인 것이다. 내가 부모가 되어서야 비로소 그것을 깨달을 수 있었다.

늘 한결같이 엄마가 품어 주셨던 사랑의 둥지 안에서 우리 세 자매는 학업에 전념했고, 미래의 꿈을 키우며 행복하게 성장했다. 아무 근심이나 두려움 없이. 그리고 부족함도 없이.

❋ 아버지의 귀향

우리 집에서 아버지와 내 아들이 같은 방을 썼다. 착한 아들은 밤에 자다가 할아버지께 이불을 덮어 드리곤 했다. 그렇지만 일찍 자고 일찍 깨는 할아버지와 늦게 자고 늦게 깨는 손자의 생활 리듬이 달라서 서로 힘들었다. 차선으로 아버지가 주중에는 우리 집에 계시고 주말에는 막냇동생 집에 가 계시기도 했다.

당시에 아버지께 집을 따로 얻어 드리고 살림을 도와줄 사람을 구하고 싶었지만 현실적으로는 엄마의 간병비 때문에 여유가 없었다. 매달 병원비와 간병비를 합해 5백만 원 정도 비용이 들었다. 한 간병인이 여러 명을 간병하는 다인 간병을 받으시게 할지도 고려해 보았지만, 사지 마비의 환자로 늘 병상에 누워 계신 엄마께 최선의 돌봄을 받을 수 있는 환경을 만들어 드리고 싶었다. 개인 간병을 받으시면 비록 몸은 못 움직이셔도 간병인의 도움으로 하루 한 번이라도 휠체어에 앉아 햇살을 쬐며 산책이라도 하실 수 있지 않은가.

그런 이유로 아버지와 함께 살면서 행복할 때도 많았지만, 가슴을 졸인 적도 한두 번이 아니었다. 지난 번 폐렴 치료 이후 건강이 호전되던 아버지는 다시 혼자 걷는 것을 힘들어하셨다. 곁에서 누군가 부축해 드려야만 했다. 그런데 어느 날, 혼자서는 잘 걷지도 못하는 분이 말씀도 없이 마트에 가서 쇼핑하시고 느지막이 귀가하셔서 식구들이 걱정한 적이 있다.

한번은 아버지의 임플란트가 빠진 적이 있었다. 아버지는 그전에 오랜 시간에 걸쳐서 치아 전체를 임플란트로 하셨다. 그때 많이 고생하셨고 잘 잡수시지 못하는 어려움을 이겨 내시면서 어렵사리 치료를 다 마치셨다.

어느 날, 내가 아버지가 좋아하는 찰떡을 맞춰 왔다. 식구들이 아침 대용으로 먹고 아버지께도 드리고 싶어서였다. 그런데 아버지가 떡을 드시는 중에 그만 임플란트가 빠져 버렸다. 너무나 속상했다. 그날 오후, 나는 학교에서 조퇴해서 부랴부랴 치과에 아버지를 모시고 갔다. 앞으로는 떡을 드리면 안 되겠다고 다짐하면서.

아버지의 고향은 충북 청주이다. 거기서 중학교와 고등학교를 나오셨는데 학교 다닐 때 이야기를 가끔 들려주신 적이 있다. 영어를 좋아하셨고 친구들과 재밌게 활동하셨다고 했다.

한번은 아버지가 고등학교 시절에 탁구를 하신 경험을 내 남편에게 한참 얘기하셨다. 나도 그 이야기는 처음 듣는 것이었는데 재밌었다.

아버지는 스포츠를 좋아하고 잘하신 듯하다. 어릴 때의 내 기억으로는 스케이트도 잘 타신 것 같다. 집 한편에 아버지의 스케이트가 놓여 있었는데, 어린 나는 그 스케이트를 빙판이 아닌 집 거실에서 신고 놀았던 기억이 난다.

아버지의 이야기를 들으면서 나는 마음속으로 생각했다.

'엄마가 회복되셔서 단 며칠이라도 건강하신 아버지와 함께 사시는 것을 보고 싶다.'

그러나 그 바람은 결국 이루어지지 않았다.

고난의 터널을 통과하는 동안, 두 동생의 존재가 한없이 소중하고 귀했다. 동생들은 우리 엄마, 아빠의 분신이다. 나를 남기셨듯이 엄마는 이 땅에 나의 두 동생을 남겨 주셨다. 만일 내가 외동이었으면 얼마나 외로웠을까. 두 동생은 하나님이 부모님을 통해 내게 주신 귀한 선물이다.

동생들에게 마음을 전한다.

> 동생들아, 나의 동생으로 이 땅에 와 줘서 고맙다.
> 너희가 내게는 천하의 보배보다 귀하고 소중하구나!

아버지는 병원에서 퇴원 후 3개월 남짓 우리 집에서 지내셨다. 나는 퇴근길에, 근처 재래시장에 들러서 아버지가 좋아하는 팥죽을 사 오기도 하고, 잘 잡수시는 부침개도 해 드리면서 나 나름대로는 잘 섬기려 노력했다. 하지만, 시간이 지나면서 아버지는 부쩍 고향 생각을 많이 하셨다. 상의 끝에 아버지가 원하시는 대로, 고향 대전에 얼마 동안 머무시기로 했고, 큰동생이 시간을 내어 도와 드리기로 했다.

착한 큰동생은 엄마가 투병하시는 동안, 부모님을 위해 여러모로 헌신적으로 애썼다. 엄마가 병상에 계시는 동안 엄마의 후견인으로서 거의 법률 전문가인 동시에 의료 과장 비슷한 역할을 했다. 동생은 의사를 했어도 잘 했을 것 같다. 심성이 착하고 외모도 아름답고 멋진 사람이다. 이렇게 훌륭한 사람이 내 동생이라는 것이 자랑스럽다.

큰동생은 어려서 하도 순하고 착해서, 남에게 거짓말이나 싫은 소리 한 번 안 했고, 누구와 싸운 적이 없었다. 항상 서두르지 않고 차분하게 자기 일을 잘했다. 선생님 말씀을 잘 듣고 글씨도 가지런했으며 두뇌가 명석했다. 따로 학원 하나 다니지 않아도 수학의 개념과 이치를 꿰뚫어 보았다. 글짓기를 제법 잘해서 상도 여러 번 탈 만큼 필력이 있었다.

어려서 난 큰동생에게 오빠 같은 언니였다. 아마 내가 일곱 살쯤 되었을 때의 일로 기억한다. 둘이 길을 가다가 버스가 오면, 누가 시킨 것도 아닌데 동생을 안쪽으로 밀고 내가 버스 쪽으로 서서 둘이 손잡고 걸어갔다. 동생은 내게 항상 사랑스럽고 보호해 주고 싶은 아이였다. 물론, 내가 동생을 챙기기만 한 것은 아니다. 친구들과 놀러 가는 나를 항상 따라와서 혼낸 적도 있고 뚝 떼어 놓고 혼자 놀러 간 적도 있다(나중에 내가 커서 기도하는데, 언니 따라 놀러 가겠다고 나서는 동생을 심하게 혼낸 것이 기억나서 회개했다).

하지만, 즐겁게 놀고 사이좋게 지낸 추억이 대부분이다. 가장 기억에 남는 것은 내 자전거 뒤에 태워 준 일이다. 두 동생을 자전거 뒤에 태우고 우리 학교 운동장을 날마다 몇 바퀴씩 돌았다. 때로는 우리 집 앞에 있는 높은 언덕에서 자전거에 태우고 내려오면서 이마에 부딪히는 시원한 바람을 맞으며 환호성을 지르기도 했다. 우리에게는 너무도 행복한 시간이었다.

눈이 소복이 내린 어느 겨울에는 우리 집 앞마당에 큰 스티로폼을 침대처럼 붙여 놓았다. 그 위에 요를 깔고 동생들과 셋이 나란히 누워 까만 밤하늘을 보며 도란도란 이야기를 나누다가 잠들기도 했다. 두 사람은 내게 보호해야 할 어린 동생들이기도 했지만, 함께 사랑하고 격려하며 성장을 도운 인생의 동무이기도 하다.

아버지가 고향 생각을 부쩍 하실 때도 큰동생이 와서 아버지를 대전 집에 모시고 갔다. 대전에는 고모들이 계셔서 의지가 되기도 했다.

형제가 연합하여 동거함이 어찌 그리 선하고 아름다운고(시 133:1).

🍁 무엇이 최선일까?

엄마께 9년째 개인 간병을 붙여 드리다가 오랫동안 함께해 온 간병인이 곧 그만둔다고 하는 상황에서 나는 새로운 간병인을 구해야 하는지, 아니면 다른 방법을 찾아야 하는지 쉽게 결정하지 못했다.

그 무렵 내가 근무하는 초등학교 신우회의 최 선생님이 따님이 중등교사로 임용된 기념으로 한턱을 내셨다. 맛있는 저녁을 먹은 후 차를 마시는 자리에서 나는 엄마 간병에 대한 문제를 털어놓았다.

"새로운 간병인을 구해야 해요. 아버지는 대전에 요양 가 계시는데 올라오시면 모실 집이 필요하고요. 아버지께 아파트를 얻어 드리려면 재정이 있어야 하는데, 월 5백만 원에 가까운 간병비와 병원비를 감당하기 쉽지 않아요. 요양원에 모시자니 마음이 안 놓여요. 그래서 갈등이 생기고 고민이 돼요. 아버지도 섬겨야 하는 상황에서 엄마께만 몰두할 수 없는 형편이라 여러 가지 생각이 많고 마음이 정리가 안 돼요."

그 자리에는 김 선생님도 계셨다. 두 분 모두 나보다 나이가 많은 인생의 선배이신데 심도 있는 조언을 해 주셨다.

김 선생님은 올해 58세이신데, 아버님이 진작에 돌아가셨다. 김 선생님이 말씀하셨다.

"우리 인생에서 가장 중요한 것은 이 땅을 떠나서 영원한 본향, 천국에 가는 것이에요. 내가 아버지를 보내 드리면서, 이 땅을 떠날 때 어디로 갈지를 준비하는 믿음이 가장 중요하다는 것을 깨달았어요."

그러면서 내게 엄마를 더 이상 붙들지 말라고 하셨다. 이 땅에 미련을 두고 엄마가 고통을 당하게 하지 말고, 요양원에 모시라고 권면하셨다. 그러다가 때가 되면 하나님께 불려 가시도록, 이제는 마음에서 놓아 드려야 한다고 말씀하셨다.

"요양병원에서 간병인이 돌봐 드리고 의사의 처방으로 연명한들 그것이 과연 어머니께 행복일까요?"

김 선생님은 그렇게 반문하시고는 다시 말을 이으셨다.

"아니잖아요. 때가 되면 떠나야 해요. 우리가 이 땅에 소망이 있는 것이 아니라 영원한 하나님 나라에 돌아가 천국에서 사는 삶이 우리의 궁극적 종착역이고 소망이랍니다. 이제는 엄마를 편히 쉬도록 놓아 드려야 해요. 계속 안달복달 붙들고 연명해 드리는 것이 최선은 아니에요."

김 선생님은 이 땅에서 연명하는 것의 의미를 생각해 보라 하셨다. 머릿속에서 엄마의 모습이 그려졌다. 식사를 못해서 배에 연결된 줄로 경관식(소화 기관으로 바로 흘려 보내는 묽은 음식)을 주입받고, 대소변을 남이 받아 내고, 가려워도 긁지 못한다. 꼼짝없이 누워 있다가 다른 사람이 몸을 돌려주어야 체위가 변경되어 욕창이 안 생긴다. 입으로는 물 한 모금도 드시지 못한다. 그런 고난을 겪으면서 9년을 연명해 오셨다.

선생님들은 때가 되면 엄마를 병원에서 요양원으로 옮겨서, 연명을 위한 노력을 할 게 아니라 하나님이 부르시면 가도록 자연스럽게 놓아 드려야 하다고 말씀하셨다. 그 말씀은 내게 이런 뜻으로 해석되었다.

> 정현 쌤, 엄마는 너무 오랫동안 힘드셨고 그리 오래 곁에 계셨는데 인세까시 그렇게 엄마를 곁에 두고 연명하게 해 드릴 건가요?
> 요양병원에 계시면 더 나빠지지도 않고 회복되지도 않고 그렇게 연명하시는 선데 그러면 천국에는 언제 가시나요?
> 간병인이 바뀌는 시기니까 요양원으로 가셔도 엄마는 이해하실 거예요.
> 그렇게 해서 힘들어지고 약해지시면 하나님께서 자연스레 천국으로 부르십니다.
> 이제 마음으로 보내 드리세요. 믿음이 있는 사람이라면 그래야 합니다.

들으면서 매우 서운하기도 한 말씀이었다. 그러나 두 분의 조언은 진심 어린 말씀이었다. 두 분이 부친을 여의기도 하셨고 노모를 모시기도 하신 분들이어서 내게 더 진실하게 와닿았다. 아직 내가 겪어 보지 않은 일을 겪어 내신 선배 선생님들의 조언을 마음에 새기며 좀 더 생각해 보게 되었다.

'엄마는 과연 어떤 선택을 원하실까?
이렇게 힘들게 견디시는 하루하루가 얼마나 괴로우실까?
아직 우리는 마음의 준비가 안 되었는데, 우리 욕심 때문에 엄마가 더 고생하시는 걸까?
비싼 비용을 내고 간병인을 붙이는 것은 너무나 비참한 상황에 처한 엄마께 그나마 최소한의 인격적 서비스를 받게 해 드리는 최소한이자 최선의 섬김이라고 생각했는데, 그것이 엄마를 천국으로 이끄시는 하나님의 손길을 막는 것이란 말인가?'

혼란스럽고 마음에 갈등이 생겼다.
신우회 선배님 두 분의 조언이 아주 틀린 말은 아니기에, 또 다른 관점으로 생각이 전환되기도 했다.

'무엇이 최선일까?
어떤 것이 하나님의 뜻일까?
이렇게라도 엄마를 만날 수 있고, 엄마의 눈을 바라볼 수 있고, 따뜻한 엄마의 손을 만진다는 것이 얼마나 큰 은혜란 말인가?
그러나 그것은 내 입장, 우리 자녀들 입장인데 과연 엄마도 그러실까?'

개똥밭에 굴러도 이승이 낫다는 옛말이 있다. 이것은 믿음이 없는 사람들의 옛말이지만, 죽음은 그만큼 두려운 것이고 그 너머 무엇이 있는지 모르는 상태에서는 차마 언급하기도 힘든 단어이다.

그런데 우리에게는 믿음이 있다. 엄마도 마찬가지였다. 우리 주가 되시는 예수님을 믿고 그분의 십자가 사랑으로 인해 죄 사함을 받았다. 본디 사람은 나면서부터 죄가 있다고 로마서에 기록되었다. 그 죄로 말미암아 사람은 하나님과 멀어져 영원한 형벌, 즉 지옥 형벌에 처할 운명인데, 예수님이 그 죗값을 치르시고 하나님의 자녀가 될 수 있는 권세를 우리에게 주셨다.

> 영접하는 자 곧 그 이름을 믿는 자들에게는 하나님의 자녀가 되는 권세를 주셨으니 (요 1:12).

그러니 이제 우리는 사나 죽으나 예수님의 소유인데, 그래서 우리가 갈 곳은 영원한 천국이고 예수님이 다시 이 땅에 오실 때 우리는 영원히 썩지 아니할 몸으로 부활하는 새 생명을 얻는데 무엇이 두려우랴!

그러나 천국에서나 부활 때에 어떠하든지 간에, 엄마가 돌아가시면 이 땅에서 함께한 엄마와 딸로서의 삶은 이별을 맞는 것이다. 성경에 이런 말씀이 나온다.

> 부활 때에는 장가도 아니 가고 시집도 아니 가고 하늘에 있는 천사들과 같으니라 (마 22:30).

천국에서나 부활 때에는 여기서와 같은 모녀의 혈연관계, 그 특별하고 한정된 사랑이 아닌 더 넓고 영원한 상태의 사랑과 상봉이 이뤄지리라. 그렇기에 이 땅에서 지낸 엄마와 딸로서의 삶은 한 사람의 죽음 후에는 끝이다.

> 주께서 물의 경계를 정하여 넘치지 못하게 하시며 다시 돌아와 땅을 덮지 못하게 하셨나이다(시 104:9).

자연의 경계를 정하사 바다가 해안가를 넘어가지 못하게 하신 하나님이 결국 이 땅에서 맺은 엄마와 딸의 혈연관계는 여기까지만 허락하신 것이라는 생각에 나는 마음이 무거웠다.

그런데 예수님은 부활하셔서 제자들을 찾아오신다. 그리고 그들을 만나서 조반을 지어 먹이신다. 그런 성경의 기록을 보면, 예수님은 부활하신 이후 제자들과의 관계를 여전히 이어 가시는 모습을 보이신다. 그러니 천국은 참 기대되는 곳이다. 그곳에서는 엄마를 다시 만날 테고, 영원한 썩지 않는 몸으로 부활하신 엄마를 재회할 수 있으니 감사하다. 무언가 이 땅에서와는 차원이 다른 몸과 사랑으로 재회하리라. 하나님이 경계를 정하신 이 땅에서의 사랑과 만남은 여기까지인 것을 어찌 부인하랴.

나는 선생님들 조언을 들은 후 생각을 글로 정리하면서, 천국에 대한 소망이 더욱 생기고 성경 지식과 믿음을 더욱 키워야겠다는 마음이 들었다.

부자 나사로도 죽어서 이 땅에 남은 자기 형제를 걱정하고 사랑하는 마음을 나타냈다. 죽음 후에도 이 땅에서 맺은 관계를 소중히 여기는 모습을 볼 수 있다. 나는 이 땅에 매여서 여기까지밖에 생각하지 못하지만, 하나님은 영원부터 영원까지 다스리신다. 이 땅의 가족애가 죽음 이후에 어떻게 이어질지에 대한 문제는 오직 하나님의 지혜와 그분을 아는 만큼 자유로울 수 있는 부분이다.

그날 신우회 선배님들과의 대화를 통해 생각이 조금은 전환되는 듯했다.

무엇이 최선일까?

어쩌면 그것이 내가, 우리가 생각해 온, 개인 간병인을 붙이고 최선의 연명 환경을 제공하는 것이 아닐 수 있다는 생각이 처음으로 들었다.

🌱 엄마를 와락 안고 운다

신우회 선배님들의 조언을 듣고 나서는 하나님께서 그분들을 통해 말씀하시는 건가 하는 생각이 들면서 마음은 슬프고 아프지만 왠지 평안했다. 그런데 간병인 경자 이모가 휴가를 가신 동안 열흘 넘게 엄마를 직접 간병하다 보니 자꾸 눈물이 나고 마음이 아팠다.

그 무렵 우리 교회의 목장(소그룹) 부목자인 김 집사님과 한밤중에 카카오톡으로 대화를 많이 나눴다. 어디엔가, 누구에겐가 말하지 않고는 견딜 수 없는 아픔이었기에. 집사님은 마음이 따뜻하고 공감을 잘해 주는 나의 소중한 동역자였다.

당시 엄마의 고통을 어쩌면 좋을지 생각하면 탄식과 함께 상한 심령에서 우러나오는 기도가 나왔다.

"주님이시여, 도와주소서!"

엄마는 전년에 누구의 실수 때문이었는지는 모르나 오른쪽 어깨뼈가 부러지셨다. 수술받을 수 있는 체력이 안 되어서 그냥 그렇게 아파하시면서 시간을 보냈고 결국 뼈가 어긋난 상태로 붙어 버렸다. 그래서 체위 변경을 해 드릴 때 손을 허리나 등으로 깊이 넣어서 어깨가 자극되지 않도록 주의해야 했다.

이루 말할 수 없는 엄마의 고난과 인내를 생각하면 마음이 아프고 눈물이 났다. 곁에서 직접 엄마의 몸을 만져 드리고 간병하다 보니 더욱 가슴에 절절히 엄마의 고통이 와닿아 견딜 수가 없었다. 눈물이 볼을 타고 흘러서 가슴을 적시고 영혼의 통증을 느꼈다. 말없이 엄마를 안아 드리는 것으로 그 마음을 전할 수밖에 없었다.

그때 엄마 앞에서는 가급적 울지 않으려 참았다. 내가 울면 더 슬프실 것 같아서. 그 슬픔과 고통이 온 땅을 덮고도 남으셨을 테니까.

'나의 눈물은 엄마의 슬픔을 얼마나 더 무겁게 할 것인가?'

이런 생각에 깃털 같은 슬픔의 한 자락이라도 엄마께 더 얹어 드리고 싶지 않았다.

그러나 때때로 나의 이런 이성적 사고가 무너질 때도 있었다. 엄마의 신음이 극심하고 너무 힘겨워 보이실 땐, 아무 생각 없이 나도 그냥 엄마를 와락 안고 울었다. 아이처럼.

막냇동생은 엄마를 집에 모시고 싶어 했다. 엄마가 너무너무 가련해서 못 견디겠다고 했다. 그 가련함으로 치면 무엇에 비유할 수 있을까.

나는 찌개 하나를 먹다가도 엄마를 생각하면 목이 메었고, 물을 벌컥벌컥 마시다가도 엄마를 떠올리면 죄송스럽기까지 했다. 샤워하다가도 나는 마음껏 물을 쓰면서 몸을 시원하게 하는데 나를 낳아 주신 엄마는 9년 세월을 그러지 못하고 계신다는 게 떠올랐다. 한 번이라도 좋으니 기립 자세의 엄마를 샤워해 드리면 너무 좋겠다는 간절함이 자주 생겼다.

'동생아, 네 말이 옳아. 나도 엄마를 집에 모시고 싶다.'

막냇동생의 생각이 곧 내 생각이었고 큰동생의 마음이었지만, 현실적으로는 공간이 없었고 집에 다른 식구들도 있어서 집으로 모시는 일이 쉽지 않았다. 그렇게 9년째 시간이 흐르고 있었다.

그런데 엄마를 직접 간병한 이후로 더 이상 미룰 일이 아니라는 생각이 들었다. 엄마를 우리 곁에서 모실 수 있게 병원에서 나오시게 하고 싶었다. 더 이상 연명을 위한 병원 생활이 아니라 가족 곁에서 함께하는 삶을 사실 수 있게 하고 싶었다. 그렇게 하면 엄마는 생각보다 빨리 우리 곁을 떠나실 수 있음을 알았다. 의사가 상주하지 않으니 응급 상황에 대처하기 어렵기 때문이다. 그러나 엄마를 직접 간병하면서 너무 가련하고 처절한 현실에 대해 다시 생각하게 되었다.

'엄마를 위한 최선의 선택과 섬김, 그것은 우리 곁으로 모시고 오는 것이 아닐까?'

🌸 세 딸의 21일 다니엘 기도

우리가 엄마를 직접 간병하지 않고 간병인에게 맡기면, 일주일 168시간 중에 겨우 40분을 면회했다. 그 시간에만 딸을 만나고 그 이외 167시간을 병실에서 투병하시던 엄마. 지는 해를 보며 아침을 노래할 희망도, 아침의 떠오르는 해를 맞이하며 설레는 하루를 기대하는 기쁨도, 엄마께는 너무 사치스러운 말이었다.

우리는 비용이나 다른 여러 문제로 엄마를 집에서 모시는 문제를 쉽게 결정하지 못했고 고민을 지속했다. 그렇지만 엄마를 가까이서 모시고 싶었다. 딸들이 아침저녁으로 엄마를 뵙고 곁에서 기도해 드리면서 찬양을 마음껏 불러 드리고 싶었다. 날씨 좋은 주말에는 사위들의 도움으로 휠체어에 모시고 아파트 단지에 있는 예쁜 정원을 산책시켜 드리고 싶었다. 물론, 그렇게 하려면 이전보다 우리가 더 바쁘고 힘들어진다는 것을 알았다. 그렇다 해도 엄마를 병원 병상에 계속 두는 것은 너무 마음이 아프고 괴로웠다. 아버지의 거처 문제도 고민이 계속됐다.

이렇게 중요한 일을 우리 마음대로 결정할 수 없어서 우리 세 자매는 마음을 모으고 뜻을 모아 주님 앞에 매달리기로 했다. 21일 작정 금식기도를 결정했다.

우리가 금식한다고 해서 하나님이 일하시는 것은 아닐 것이다. 그러나 다니엘서를 보면 다니엘이 기도한 지 21일만에 가브리엘 천사를 통해 하나님의 응답이 임했다. 그 사이에 바사국 군주와의 치열한 영적 싸움이 있었다고 성경에 기록되어 있다. 그 기간이 21일이다.

우리의 애절함과 이 상황의 심각성, 중대함을 놓고 볼 때 우리가 달리 할 방도가 없었다. 그저 하나님께서 구름기둥과 불기둥이 되어 주셔서 우리보다 앞서 행하시고 어디에 진을 칠지 알려 주시길 바랄 뿐이었다. 그분이 우리의 보호자요 요새이며 피할 바위이고 창조주 하나님이심을 절대 신뢰했다. 좋은 아버지이신 하나님을 믿고, 그분의 인도하심을 기대하고 따르는 것만이 우리가 할 수 있는 최선이었다.

'주께서 가라 하시면 갈 것이고, 주께서 멈추라 하시면 멈추리라!'

만일 가라고 하신다면 어디를 어떻게 가야 하는지에 대해서도 내 발의 등이요 내 길에 빛이 되어 주신 하나님께서 분명히 예비하시리라!'

우리는 이런 믿음의 확신을 갖고 그 문제를 하나님께 올려 드렸다.

"하나님, 부모님의 거처를 예비해 주소서, 어디로 모시면 좋을지 알게 하소서. 필요한 만남을 예비해 주소서. 저희 세 자매가 하나님의 뜻을 바로 알고 깨닫도록 지혜를 주소서."

가련한 아버지와 엄마를 위해 할 수 있는 최선은 하나님께 구하는 것이었다.

마침내 21일째 되던 날 드린 주일예배에서 하나님은 말씀으로 응답하셨다. 그때 우리는 엄마 걱정에 슬퍼하고 밤잠을 잘 못 이루며 울적해하시는 아버지를 생각하면 마음이 너무 아팠다. 그런데 그날 선포된 담임목사님의 말씀을 통해 하나님께서 행하실 일을 깨닫게 되었고 감사했다.

여호와께서 그의 사랑하시는 자에게는 잠을 주시는도다 (시 127:2).

목사님은 이 구절에 대해 10분 이상 설교하시면서, 하나님께서 사랑하는 백성을 안식하게 하시고 슬프고 힘든 중에도 평안한 잠을 주시고 이 땅에서 지켜 주신다는 말씀을 선포하셨다. 우리 세 자매는 이 말씀을 하나님의 응답으로 받았다. 할렐루야!

아버지는 고향에 계신 동안에도 엄마 걱정에 잠을 제대로 이루지 못하시고 힘들어하셨다. 그런 아버지를 향해 하나님께서 사랑의 말씀을 주신 것이었다.

그런데 엄마에 대해서는 언급이 없으셨다. 말씀이 없으신 상태에서 우리가 계획했던 일, 곧 엄마를 위해 집을 장만하고 병원에서 모시고 나오는 것을 실행할 수는 없었다.

주님의 응답을 크게 세 가지로 분류하면 "Yes"(그래), "No"(아니), "Wait"(기다려라)라고 한다. 우리의 기도에 대해 주님은 "Wait"라고 하신 것 같았다. 일단, 우리는 기다려 보기로 했다. 어머니를 모시고 나오는 일은 언제든 할 수 있는 것이고 우리의 결심이 중요한 일인데, 하나님께서 아무 말씀도 하지 않으시는데 실행할 수는 없는 문제였다. 우리는 계획했던 일을 지금 실행하겠다는 생각은 내려놓고, 더 좋은 길로 인도하시는 하나님을 다만 신뢰하며 기다리기로 했다.

"어머니에 대해서는, 하나님은 어떤 계획을 갖고 계신가요?"

제2부

변화의 시작

🌿 어디로 모셔야 할까?

하나님의 응답 뒤로 우리는 집을 따로 얻어 입주 간병인을 구하기보다 병원에서 엄마를 돌볼 새로운 간병인을 구하거나 요양원으로 모시는 대안 중에서 어떤 것을 결정할지 본격적으로 심사숙고하기로 했다. 재활병원이든 요양병원이든 병원에 입원한 경우에는 환자의 필요에 따라 개인 간병인을 둘 수 있었지만, 요양원은 그럴 수 없었다.

엄마를 오래 간병해 온 경자 이모가 중국으로 출국을 준비하면서 큰동생에게 엄마를 요양원으로 모시는 것에 대해 제안하셨다.

"나도 이전에 요양원에서 근무해 봤어. 지금 엄마는 재활 치료도 하루에 두 개씩만 하시잖아. 굳이 재활 치료가 있는 요양병원에 있지 않으셔도 돼. 요양원에 모시고 자주 가 뵙는 것도 한 방법일 수 있어."

엄마를 5년간 돌본 경자 이모가 재정을 맡은 큰동생(이모에게는 큰동생이 한 주도 밀리지 않고 간병비를 성실하게 입금해 드렸다)에게 직접 이렇게 말씀해 주셨기에, 그 이후로 큰동생은 요양원에 대해 진지하게 생각해 보기 시작했다.

큰동생이 건강보험 심사평가원 1등급을 받은 N 요양원을 알아보아서 우리는 조퇴하고 함께 가 보았다. 그러나 N 요양원은 엄마가 너무 중증 환자라 받을 수 없다고 했다. 그냥 거절하기가 미안했는지, 엄마 같은 중증 환자도 받아 준다는 H 요양원을 소개해 주었다. H 요양원에도 가 보았으나 분위기가 너무 무겁고 어두워서 마음도 무거워졌다. 우리는 다시 알아보기로 하고 헤어졌는데 마음이 심란했다. 동생은 집에 가서 많이 울었다고 했다.

며칠 후, 나는 교회의 이 집사님 어머니가 계시다는 A 요양원을 소개받아 방문했다. 그곳은 분위기가 밝고 환했다. 상담하면서 느낀 원장님은 분명한 성격의 좋은 분 같았다. 생각보다는 요양원 시스템이 잘 되어 있었다.

'그동안 요양원에 대해 내가 너무 편견을 가지고 있었구나.'

이런 마음이 들기도 했다. 이 집사님 어머니도 그곳에서 잘 계신다고 하니 엄마를 모셔도 될 듯했다.

아버지는 나와 막냇동생이 살고 있는 아파트 단지 내 소형 평수를 얻어 드리고 자주 가 뵈어야겠다고도 생각했다. 살림을 돌봐 드리고 말동무도 해 드리면서 말이다. 물론, 직장 생활을 하면서 아버지를 보살펴 드리려면 힘은 더 들겠지만 그 방법이 대안일 수 있다고 생각했다. 아버지 의사도 여쭤 봐야 하고 동생들과도 상의해야 하기에 확실히 결정한 것은 아니었다.

엄마를 요양원에 모실 생각을 하니 생각보다는 양호한 환경 같아서 마음이 놓이기도 했지만, 정말 그래도 될까 하고 염려도 됐다.

부지런한 큰동생이 더 알아봐서 심사평가원 1등급을 받은 W 요양원에도 같이 가 봤다. 큰동생은 A 요양원이 좋다고 했다. W 요양원은 당시 빈자리가 없어 대기해야 했고, 공기는 맑고 정원도 예뻤지만 우리가 찾아가 뵙기에 접근성이 떨어졌다. 큰동생은 서울에서 와야 하는데, W 요양원으로 엄마를 모시면 원래 계시던 병원과 비교해서 오가는 시간이 거의 두 배는 더 걸릴 것 같았다.

막냇동생은 요양원은 안 된다고 했고, 큰동생은 요양원으로 모셔 보자고 했다.

"지금 우리가 가진 예금으로는 삼사 년 버티기도 힘든데, 그 재정을 다 쓰면 앞으로 아버지께 어떻게 해 드리기가 어려워."

이것이 엄마의 후견인을 맡은 큰동생의 의견이었다. 일리가 있었다. 큰동생은 엄마의 법정 대리인으로서 후견인을 해 오고 있었다. 그 중요하고 복잡한 일을 동생이 성실하게 해 온 것이 정말 고맙고 대견했다. 준비해서 보고해야 하는 서류가 한 번에 50쪽이나 되었는데 동생이 너무나도 애썼다. 그렇기에 나는 큰동생의 말을 존중하지 않을 수 없었다.

그러나 마음 한편에서는 엄마께 우리가 할 수 있는 최선을 끝까지 다해야 한다고 믿었다. 엄마는 당연히 최선의 것을 받을 자격이 있으셨다. 비록 우리가 가진 재정을 다 쓰는 한이 있더라도 말이다.

그런데 우리에게는 아버지 봉양도 중요했다. 엄마는 병상에 누우신 채로 고통스러운 고난 가운데 계시지만, 아버지는 일상을 유지하면서 살아가신다. 이제 78세이신 아버지가 하나님께서 허락하신 생을 이 땅에서 사시는 동안 잘 섬겨야 하는 것이 우리의 도리이다. 그런데 재정을 다 써 버리면 나중에 어떻게 될지 알 수 없었다. 그런 점에서 나는 큰동생의 의견이 일리 있다고 생각했다.

그러나 나의 마음에서 "요양원은 안 된다"라고 말하기 어려웠던 가장 큰 이유는 이 부분 때문이다.

'과연 요양병원과 개인 간병인의 도움으로 유지하는 연명이 진정 엄마가 원하시는 삶의 형태인가?

만일 엄마가 당신의 의사를 표현하실 수 있다면 엄마는 과연 그렇게 연명하여 계속 침상에 누워 계시는 것을 선택하실 것인가?'

이 부분에서 난 자신이 없었다.

우리가 효도한다고 선택해 온 것이 과연 엄마께 최선이었을까?

매월 5백만 원 비용을 들여서 개인 간병인의 도움을 받게 해 드리는 요양병원에서의 생활, 과연 그렇게 해서 더 나빠지지 않도록 좋은 약을 써서 엄마를 오래 연명하게 해 드리는 것이 믿음을 가진 자녀로서 행할 진정한 효도일까?

그렇게는 단 하루도 살기 싫으실 것 같았다. 아마도 내 짐작엔. 하지만, 막상 엄마를 볼 수 없다고 생각하면 자신이 없었다. 그렇게 보내 드리기에는 아직 마음이 다져지지 않았다.

그러나 한편으로는 주님이 원하신다면 엄마를 나사로처럼 일으켜 세워 주실 수도 있다고 믿었다. 그분의 뜻을 우리는 최후의 순간까지 알 수 없기에 포기할 수 없었다. 주신 이도 하나님이시요 거두시는 이도 하나님이시다.

✵ 욥기의 구절구절

나는 예전에 욥기를 펼치기가 싫었다. 너무 힘든 고난을 겪는 욥을 보면서 욥기는 비켜 가고 싶었다. 그러나 어머니의 고난 앞에서 욥기의 구절구절이 너무나도 가슴에 와닿았다.

> 그 후에 욥이 입을 열어 자기의 생일을 저주하니라 욥이 입을 열어 이르되 내가 난 날이 멸망하였더라면, 사내아이를 배었다 하던 그 밤도 그러하였더라면, 그날이 캄캄하였더라면, 하나님이 위에서 돌아보지 않으셨더라면, 빛도 그날을 비추지 않았더라면, 어둠과 죽음의 그늘이 그날을 자기의 것이라 주장하였더라면, 구름이 그 위에 덮였더라면, 흑암이 그날을 덮였더라면, 그 밤이 캄캄한 어둠에 잡혔더라면, 해의 날 수와 달의 수에 들지 않았더라면, 그 밤에 자식을 배지 못하였더라면, 그 밤에 즐거운 소리가 나지 않았더라면, 날을 저주하는 자들 곧 리워야단을 격동시키기에 익숙한 자들이 그 밤을 저주하였더라면, 그 밤에 새벽 별들이 어두웠더라면, 그 밤이 광명을 바랄지라도 얻지 못하며 동틈을 보지 못하였더라면 좋았을 것을, 이는 내 모태의 문을 닫지 아니하여 내 눈으로 환난을 보게 하였음이로구나 어찌하여 내가 태에서 죽어 나오지 아니하였던가 어찌하여 내 어머니가 해산할 때에 내가 숨지지 아니하였던가 어찌하여 무릎이 나를 받았던가 어찌하여 내가 젖을 빨았던가 그렇지 아니하였던들 이제는 내가 평안히 누워서 자고 쉬었을 것이니 자기를 위하여 폐허를 일으킨 세상 임금들과 모사들과 함께 있었을 것이요 혹시 금을 가지며 은으로 집을 채운 고관들과 함께 있었을 것이며 또는 낙태되어 땅에 묻힌 아이처럼 나는 존재하지 않았겠고 빛을 보지 못한 아이들 같았을 것이라 거기서는 악한 자가 소요를 그치며 거기서는 피곤한 자가 쉼을 얻으며 거기서는 갇힌 자가 다 함

께 평안히 있어 감독자의 호통 소리를 듣지 아니하며 거기서는 작은 자와 큰 자가 함께 있고 종이 상전에게서 놓이느니라 어찌하여 고난당하는 자에게 빛을 주셨으며 마음이 아픈 자에게 생명을 주셨는고 이러한 자는 죽기를 바라도 오지 아니하니 땅을 파고 숨긴 보배를 찾음보다 죽음을 구하는 것을 더하다가 무덤을 찾아 얻으면 심히 기뻐하고 즐거워하나니 하나님에게 둘러싸여 길이 아득한 사람에게 어찌하여 빛을 주셨는고 나는 음식 앞에서도 탄식이 나며 내가 앓는 소리는 물이 쏟아지는 소리 같구나 내가 두려워하는 그것이 내게 임하고 내가 무서워하는 그것이 내 몸에 미쳤구나 나에게는 평온도 없고 안일도 없고 휴식도 없고 다만 불안만이 있구나 (욥 3:1-26).

내가 내 입을 금하지 아니하고 내 영혼의 아픔 때문에 말하며 내 마음의 괴로움 때문에 불평하리이다 내가 바다니이까 바다 괴물이니이까 주께서 어찌하여 나를 지키시나이까 혹시 내가 말하기를 내 잠자리가 나를 위로하고 내 침상이 내 수심을 풀리라 할 때에 주께서 꿈으로 나를 놀라게 하시고 환상으로 나를 두렵게 하시나이다 이러므로 내 마음이 뼈를 깎는 고통을 겪으니 차라리 숨이 막히는 것과 죽는 것을 택하리이다 내가 생명을 싫어하고 영원히 살기를 원하지 아니하오니 나를 놓으소서 내 날은 헛것이니이다 사람이 무엇이기에 주께서 그를 크게 만드사 그에게 마음을 두시고 아침마다 권징하시며 순간마다 단련하시나이까 주께서 내게서 눈을 돌이키지 아니하시며 내가 침을 삼킬 동안도 나를 놓지 아니하시기를 어느 때까지 하시리이까 사람을 감찰하시는 이여 내가 범죄하였던들 주께 무슨 해가 되오리이까 어찌하여 나를 당신의 과녁으로 삼으셔서 내게 무거운 짐이 되게 하셨나이까 주께서 어찌하여 내 허물을 사하여 주지 아니하시며 내 죄악을 제거하여 버리지 아니하시나이까 내가 이제 흙에 누우리니 주께서 나를 애써 찾으실지라도 내가 남아 있지 아니하리이다(욥 7:11-21).

곰배령과 양양 서핑객

그 무렵 토요일 아침, 잠에서 깨어 눈을 뜨는데 히브리서 말씀이 떠올랐다.

> 오직 오늘이라 일컫는 동안에 매일 피차 권면하여 너희 중에 누구든지 죄의 유혹으로 완고하게 되지 않도록 하라 우리가 시작할 때 확신한 것을 끝까지 견고히 잡고 있으면 그리스도와 함께 참여한 자가 되리라(히 3:13-14).

이 말씀이 좋아서 우리 교회 내가 속한 목장의 단톡방에 올리기도 했다. 오늘을 열심히 살자고 말이다.

사실 그날은 남편과 곰배령에 다녀오기로 한 날이었다. 강원도에 있는 고개인 곰배령은 '천상의 화원'이라는 별명에 어울리게 올라가는 능선의 산책길이 너무 아름다워서, 보고 있노라면 신비로운 느낌이 든다. 잔잔히 펼쳐진 넓은 야생화 군락을 지나 정상까지 가면 곰의 배처럼 생긴 둥근 지형이 펼쳐진다. 하늘 보고 드러누운 곰의 배처럼 생긴 정상이 평원과 나무들이 어우러져 정말 아름답다. 한번 가면 또 가고 싶은 마음이 들어 즐겨 찾는 곳이다.

이곳을 다녀온 후 기록했던 일기를 '오늘'의 생동감 그대로 싣는다.

남편이 8월에 본가 식구들과 베트남에 간다. 가족 회비를 모았는데, 나는 할 수 없는 귀한 경험을 사랑하는 남편에게는 하라고 하고 싶다.

엄마가 쓰러지시고 감당하기 힘든 9년, 고난과 슬픔 속에서 남편의 격려와 함께함은 내게 그 무엇보다 큰 힘이 되었다.

건강한 두 발로 걸어 다닐 수 있을 때, 부모님 손을 잡고 형제들과 다녀오는 해외여행은 남편과 시부모님, 시누들 모두에게 천국까지 가져갈 선물이라고 여겨진다.

시부모님은 사랑이 많으시고 늘 자녀들을 위해 기도로 사시는 분들이다. 힘들고 고된 인생에서 때때로 기댈 언덕이 되어 주시는 고마우신 시부모님께 자녀 오 남매와 여행할 수 있는 시간을 마련해 드리고 싶었다.

남편이 베트남에 가기 전에 우리 부부가 단출하게 다녀오기로 한 곳이 곰배령이다. 처음에 남편은 제주도로 여행을 가자고 제안했다. 아마도 열심히 회비를 모은 내가 가족여행에서 빠지니까 미안한 마음, 고마운 마음이 겹쳐서 그러는 것 같다. 하지만, 딸이 입시를 준비하는데 집을 비우기가 마음이 편치 않아서 사양했고 대신 택한 곳이 곰배령이다.

맑은 아침 공기를 가르며 강원도로 향했다. 우리는 곰배령에 올라 사진을 여러 장 찍고 즐거운 시간을 가졌다.

나는 곧바로 가지 말고 속초에 가서 회를 먹자고 했다. 당초, 남편은 귀가하면서 홍천에 있는 숯불 닭갈비 식당(겨울이 되면 종종 들르는 단골집)에 들를 계획이었는데, 나의 말에 동의해 주었다.

좀 더 시간이 걸리지만 한 시간 이상을 달려서 양양을 지나 속초로 향하려는데, 양양의 해변에서 새까만 서핑 슈트를 차려입은 인파가 보였다. 그리고 전면에 '서핑의 메카 양양'이라는 큰 입간판이 보였다.

양양에는 서핑의 메카답게 정말 많은 사람이 모여 있었고, 6월의 더운 날씨는 그들이 즐기기에 충분한 기온이었다. 잠시 내려서 바다를 볼까 하는 마음도 들었지만, 그냥 차창으로 보면서 지났다.

10여 분 후 속초 외옹치 해안가 횟집으로 가서 회를 먹었다. 그런데 갑자기 소나기가 내리면서 천둥 번개가 쳤다. 회를 괜히 먹었나 하고 내심 걱정했다. 회를 먹은 후 다시 차에 올랐는데 빗줄기를 뚫고 운전하느라 긴장되기도 했다. 다행히 우리가 출발하고 얼마 지나지 않아서 개었다.

다음 날 신문을 보다가 깜짝 놀랐다. 우리가 즐기면서 회를 먹던 그 시간에 바로 양양의 한 서핑객이 벼락을 맞아 사망했다는 기사를 본 것이다. 기분이 묘했다. 사망자는 청주에서 올라온 30대 남성이라는데, 그야말로 웬 날벼락이란 말인가.

사고를 당한 그 사람이 불쌍했고, 바로 그 사고의 순간 그곳을 지나친 한 사람으로서 나는 삶과 죽음이 이리도 가까이 연결돼 있다는 것을 간접 경험하면서 인생의 무상함을 다시 느꼈다. 그래서 '오늘'이라는 것이 얼마나 소중한 것인지 다시금 깨닫게 되었다.

크신 하나님 앞에서 그뷰으로부터 부여받은 생을 살아가는 동안, 할 수 있는 최선은 '오늘'이라 일컫는 동안에 서로 돌아보아 사랑과 선행을 격려하는 것이다. 내 주변에 그런 자가 누가 있나 돌아봐야겠다. 나에게도, 누군가가 나를 돌아보고 사랑과 선행을 해 주면 좋겠다.

우리가 서로 그렇게 하다 보면, 우리 주님이 다시 이 땅에 오실 때 서로 사랑하고 선행과 격려를 행하는 주의 백성을 보시고 기뻐하시리라!

우리의 최선은 다만 오늘이라는 시간 동안 사랑과 선행을 하는 것이리라!

지금, 여기에서 '오늘' 동안.

곰배령은 '천상의 화원'이라는 별명에 어울리게
올라가는 능선의 산책길이 너무 아름다워서,
보고 있노라면 신비로운 느낌이 든다.
… 우리의 최선은 다만 오늘이라는 시간 동안
사랑과 선행을 하는 것이리라!
지금, 여기에서 '오늘' 동안.

🌽 옥수수 앞에서

2023년 6월 특별한 일은 없던 어느 날, 학교에서 근무하다가 점심 급식을 먹고 교정에 나왔더니 텃밭 상자에 심긴 옥수수가 나를 반겼다. 그 식물이 무엇을 알겠느냐마는 나는 옥수수가 반겨 줘서 기뻤고, 엄마를 떠올렸다.

엄마는 아름다운 분이셨다. 40여 년 전쯤 내가 초등학생일 때 우리가 살던 집은 학교장 관사였다. 교장 관사에는 교장이나 교사가 거주할 수 있었다. 우리 아버지는 학급 담임교사이기도 하셨고 교내 도서관을 운영하는 업무도 맡으셨다. 나는 교사이신 아버지와 5년간 같은 학교에 다녔다. 엄마는 항상 우리에게 말씀하셨다.

"아버지 얼굴에 먹칠해선 안 된다."

그 말씀은 아버지와 같은 학교에 다니면서 선생님의 자녀로서 우리 세 자매가 학습에 힘쓰고 바르게 행동해야 한다는 가르침이었다. 실제로 우리 셋은 아버지의 자랑스러운 딸들이었다.

엄마는 항상 부지런하게 집을 잘 가꾸고 관리하셨기에, 넓은 마당과 여러 개의 방이 있는 관사가 항상 반질반질 윤기가 나고 먼지 하나 없이 깨끗했다. 그때는 그것이 당연한 것인 줄 알았는데, 내가 결혼해서 두 아이를 낳고 직장을 다니다 보니 그렇게 집안을 관리하고 살림하는 것이 얼마나 중요하고 대단한 일인지 비로소 알 것 같다.

엄마는 종종 말씀하셨다. 내가 아이였을 때에는 엄마가 항상 같이 앉아서 옹알이에 반응하면서 눈을 떼지 않고 놀아 주기 위해 시간이 필요했고, 내가 학교에 들어가서 학령기를 보낼 때에는 면학 분위기 조성을 위해 청결하고 차분한 집안 분위기가 중요했다고. 그런 시간과 집안 분위기를 만들기 위해 엄마는 항상 새벽 4시면 일어나서 집안일을 다 해 놓았다고 하셨다.

　엄마는 새벽 4시에 일어나서 식구들이 다 잠든 사이에 동네 빨래터에 나가서 손세탁으로 빨래를 해 오시고(우리 집은 내가 고등학생일 때 비로소 세탁기를 들여놓았다) 청소와 식사 준비를 다 해 놓으셨기에, 식구들이 기상해서는 항상 정갈한 집안 분위기를 맞이할 수 있었다.

　아버지가 근무하셨고 우리 세 자매가 함께 다닌 초등학교는 당시에는 전교생이 2천 명이 넘을 정도로 그 지역에서 가장 큰 학교였다. 일제 강점기에 지어진 그 교장 관사는 원래 일본인 교장을 위해서 지은 것이 아닌가 싶다. 다른 집을 몇 채 붙여 놓은 크기로, 주변의 한길에서는 집 안이 보이지 않을 만큼 지대를 높여서 지은 집이었다.

　지금 생각하면 참 이국적인 풍경의 낯선 집이었는데 나는 마냥 좋았다. 뛰놀 수 있는 마당이 넓었고 이 방, 저 방, 마당 뒤편의 헛간까지 숨바꼭질할 장소도 많아서 동생들과 실컷 놀기엔 안성맞춤이었기 때문이다.

　그 관사로 이사하던 첫날, 처음 집을 보고서 너무 큰 집이라서 놀랐다. 방은 모두 다섯 개였는데, 나무 마루가 깔린 건넌방은 서재였고 안방, 작은방, 거실은 물론 열 평이 족히 넘는 다다미방도 있었다.

　가장 인상적이었던 것은 화장실이었다. 다다미방 옆으로 난 복도 끝에 두 개의 문이 1미터 간격을 두고 있었고, 두 번째 문을 열면 화장실이 있었다. 지금 생각하면 그 당시 우리나라 가옥 화장실의 대부분이 재래식이었던 것을 감안하면, 관사 화장실은 그 나름대로 현대식과 재래식의 중간 정도 형태였던 것 같다. 그 화장실은 이중 구조의 문으로 냄새를 최대한 차단했다.

그 집은 일본식 가옥이어서였는지 거의 모든 것이 목조였고 화장실 바닥조차 나무였다. 엄마가 깨끗하게 관리하신 덕분에 원목 느낌의 화장실 바닥이 물기 하나 없이 깨끗했고, 우리는 더 이상 화장실이 무섭지 않았다. 그 이전 집에서는 큰동생이 화장실 가는 것을 특히 무서워했던 기억이 얼핏 나는데, 이사 가서는 그러지 않았던 듯하다.

그 집에는 큰방에서 화장실에 이르는 복도에 벽을 대신해서 세운 큰 유리문이 있었는데 단풍나무가 아름답게 심긴 정원을 향하고 있어서 그 나름의 운치가 있었고 아름다웠다.

그 뒤편 마당에 엄마는 텃밭을 가꾸셨다. 밭 가장자리에 쪼르르 심긴 옥수수는 처음엔 작은 싹을 틔우더니 하루가 무섭게 쑥쑥 커 갔다. 엄마의 옥수수들은 우리 식구 모두의 키보다 더 컸던 것으로 기억한다. 엄마 혼자 일구신 텃밭은 그렇게 소중한 먹거리를 내는 친환경의 텃밭이 되어 나의 어린 시절을 풍성하게 수놓아 주었다.

학교에서 옥수수를 본 날, 예전 엄마의 손길과 자애로운 사랑이 떠올라 눈물이 맺혔다. 엄마는 참 내면이 아름답고 도덕적으로도 존귀한 분이셨다.

누군가 말했다. 하나님은 직접 우리 모든 사람과 눈에 보이는 몸으로 함께 계실 수 없어서 어머니를 이 땅에 보내 주셨다고. 하나님은 어머니를 통해 그분의 사랑, 예수님이 십자가에서 대신 죽어 주신 그 헌신과 희생을 가르쳐 주신 듯하다.

그렇게 엄마가 아직 먼 길을 가지 않으시고 우리 곁에 계셨을 때, 나는 학교 텃밭 상자에 심긴 옥수수를 보면서도 엄마 생각이 나서 이렇게 하나님께 기도했다.

마당에 엄마는 텃밭을 가꾸셨다.
밭 가장자리에 쪼르르 심긴 옥수수는 처음엔
작은 싹을 틔우더니 하루가 무섭게 쑥쑥 커 갔다.
… 나는 학교 텃밭 상자에 심긴
옥수수를 보면서도 엄마 생각이 나서
하나님께 기도했다.

"하나님, 엄마가 저희 곁에 있게 하셔서 감사합니다. 그러나 엄마와 하나님 원대로 하시옵소서. 우리 원대로 마옵소서."

그리고 그날 학교에서 혼자 조용히 이런 글을 남겼다.

> 우리 엄마, 사랑하는 강병희 집사님!
> 사랑하고 존경합니다!
> 우리는 당신이 자랑스럽습니다.
> 당신의 딸로 태어나 사랑받은 것이 인생 최고의 축복입니다.
> 엄마 … 나의 사랑하는 엄마 ….

사랑이 말을 해요

엄마는 내게 주신 사랑과 그 존귀한 삶의 본을 통해, 내가 인생을 살면서 진정한 사랑이 무엇인지 알게 하셨다. 내가 이 땅에 태어나서 엄마의 그런 무조건적인 사랑을 받을 수 있었던 것은 하나님이 은혜이고 축복이다.

과연 그런 사랑을 받을 수 있었던 사람이 몇이나 될까?

나, 큰동생, 막냇동생 우리 세 자매는 안다. 그 사랑이 어떤 사랑인지. 그리고 얼마나 위대한 영혼의 헌신인지.

엄마는 비록 사지 마비의 상태로 누워 계셨지만 날마다 말씀하셨다. 모든 장면과 모든 상황, 모든 경험 속에서. 내 곁에 동행하는 엄마의 사랑 때문에 난 사랑은 말한다는 것을 알게 되었다. 그리고 그 사랑은 일하고 있다.

엄마는 내가 품을 생각, 할 행동에 대해 여전히 권면하신다. 내가 엄마라면 어떻게 했을까 생각하면서 행동하기 때문이다. 성도가 예수님이라면 어떻게 하셨을까 생각하고 행동하는 것처럼.

그래서 주님께 이런 기도를 올려 드린다.

"주님, 엄마의 사랑이 그토록 컸기에 예수님의 십자가 사랑을 어느 정도 가늠해 봅니다. 주님, 믿음으로 살게 하소서. 그토록 존귀한 엄마의 생명, 인생과 바꾼 나의 존재이오니, 값지게 생명을 살리며 살게 하소서."

세상에서는 재벌 집 자녀로 태어나면 금수저라 한다. 부모가 돈과 명예, 권력이 있으면 금수저로 태어난 자녀라 한다.

우리 집은 세상적인 의미에서는 금수저 집안이 아니었다. 아버지는 초등학교 교사이셨고, 어머니는 평범한 주부이셨다. 양가를 통틀어 특별히 금수저라 칭할 어떤 것도 우리 주변에는 없다.

그런데 난 감히 생각해 본다. 우리는 이 땅에 사랑의 금수저를 물고 태어났다고. 그리고 그렇게 자랐다고. 더없이, 아낌없이 부어 주신 어머니의 사랑 그리고 아버지의 사랑.

화려한 삶의 모습이 아니라, 그 중심의 모든 것을 마지막 한 방울까지 짜서 우리 삶에 적셔 주신 부모님의 크신 사랑을 생각해 볼 때 우리는 사랑의 금수저를 물고 태어났다. 그렇게 태어나서 사람이 누릴 수 있고 받을 수 있는 진정 아름답고 숭고한, 당신의 생명을 다한 사랑을 받으며 자랐다.

흉내 내기는 어렵지만 그 크신 사랑의 발자국을 닮아 이어 가고 싶다.

🌿 간병인의 출국을 앞두고

엄마가 병상에 계셨을 때, 큰동생 시어머니께서 돌아가셨다. 사장어른은 최선을 다해 하나님을 사랑하고 믿음 안에서 늘 감사하는 삶을 사셨다고 동생은 말했다.

그때 장례식장에 2일째 밤에 도착하여 조문했다. 조문이 거의 끝난 시점이라 아마도 우리가 제일 마지막 손님인 듯해서 죄송했다.

장례식장에 다녀오면서 이런 마음이 들었다.

'아, 하나님께서 부르시면 이렇게 갑자기 떠나시는구나!'

사장어른께서 갑자기 소천하시는 것을 보니, 엄마도 언제 떠나실지 모른다는 생각이 들었다. 삶과 죽음은 마치 종이의 앞뒤 면과 같다는 것을 새삼 느꼈다. 막냇동생도 그런 생각이 든다고 했다. 그런 의미에서 언제 떠나실지 모르는 엄마를 위해 경자 이모가 출국을 해도 다른 개인 간병인을 구해드리고 싶었다. 뒷일은 그때 가서 생각하기로 했다.

간병협회에 문의하니 마침 적당한 간병인이 있다고 했다. 그렇지만 그때는 아직 경자 이모가 출국할 날이 많이 남아 있었다. 게다가 여전히 세 자매의 의견이 일치하지 않았다. 무엇이 최선인지 몰라서 더 고민하기로 했다.

큰동생은 엄마의 성정을 가장 많이 닮은 것 같다. 매사에 성실하고 어려서부터 심성이 곱고 착했다. 동생의 말은 항상 신뢰할 만했다. 동생이 엄마를 사랑하는 마음은 참으로 지극했다.

다만 엄마의 후견인을 맡아 온 동생은 나와 막냇동생이 알지 못하는 부분까지 챙겨야만 했다. 어떤 일에도 대비할 수 있도록 안정적인 재정 운영에 늘 마음을 썼다. 엄마의 투병 상황에서도 아버지 봉양까지 염두에 둬야 했기에 장기적인 계획을 세우고 냉철한 판단을 해야만 했다.

아버지와 큰동생은 엄마를 요양원에 모셔 보자고 하고 막냇동생은 반대했다. 난 처음엔 반대였지만 진행되는 상황 속에서 생각이 달라지고 있었다.

'과연 무엇이 엄마께 최선일까?'

나는 계속 그 질문을 스스로에게 던졌다.

엄마는 너무 힘겹게 연명하고 계셨다. 나는 엄마가 그런 연명을 원하시는지 확신이 없었다. 햇수로 9년, 만 8년을 그렇게 계셨기에 큰동생과 아버지의 의견에도 일리가 있다고 생각했다.

막냇동생은 못내 서운해했지만 언니들의 의견을 따르겠다고 말했다. 결국, 그 상황 속에서 난 장녀로서 결단해야 했다. 주님께 지혜를 구하는 기도를 계속했다.

출구가 막힌 듯 막막하고 어느 길이 최선의 선택일지 모르겠는 때, 한 발 떨어져 그 상황을 보노라면 마음이 정리되고 고요해지기도 한다. 내게는 제주도 여행이 그런 시간이었던 듯하다.

시선을 바꾸어 마음이 여유 있는 상태에서는 일을 좋은 방향으로 진행할 수 있다. 우리에겐 쉼이 필요했다. 그때 나는 9년을 이어 온 엄마의 투병 생활 가운데 여러 가지를 선택해야 하는 기로에 놓였고, 어느새 훌쩍 자란 아들이 입대를 앞두고 있었다.

조카들은 제주도로 가족여행을 다녀오길 원했다. 큰동생이 집안의 큰일을 겪은 후라 갈등했지만, 이미 한참 전에 계획했던 여행이고 여러 가지로 힘든 상황 속에서 가족이 함께하는 시간만큼 힘이 되는 것은 없는 것 같아서 동행하기로 했다. 시간이 되는 사람들이 함께 가기로 했는데, 당시 내 딸은 입시 준비하느라 가지 못했고 남편과 큰 제부도 직장 일로 바빴다. 결국, 우리는 세 가정 열 명의 멤버로 제주도에 며칠 다녀왔다.

아름다운 제주도에서 처음으로 광치기해변도 들러서 힐링의 시간을 가졌다. 특히, 그곳에서 본 성산일출봉은 장관이었다. 안개가 걷히고 맑은 하늘이 드러나는 모습이 위엄 있고 장대한 광경이었다.

우리 세 자매는 마치 어린 시절로 돌아간 듯 광치기해변 모래알이 다 비치는 투명한 바닷물에 발을 담그고 아이처럼 놀면서 너무나 행복했다.

지금 생각하면 그 뒤에 다가올 큰일을 대비하기 위해 마음의 힘을 쌓아 둔 시간은 아니었을지.

제주도 여행에서 돌아온 이후 경자 이모의 출국이 눈앞으로 다가왔다. 고민을 멈추고 결정해야 하는 때가 되었지만, 여전히 혼란스럽고 무엇이 엄마께 최선인지 판단이 서지 않았다.

우리의 편안함과 처지를 우선에 두고 고려한 적은 한 번도 없었다. 무엇이 엄마를 향하신 하나님의 뜻인지 알고 싶었다.

'엄마는 지금 이 상황에서 무엇을 원하시고, 우리가 어떻게 선택하기 원하실까?'

나는 고민에 고민을 거듭했다. 모든 상황을 종합하여 최선의 선택을 해야만 했다.

결정해야 할 시간이 코앞으로 다가왔다.

광치기해변 모래알이 다 비치는 투명한 바닷물에 발을 담그고
아이처럼 놀면서 너무나 행복했다.
지금 생각하면 그 뒤에 다가올 큰일을 대비하기 위해
마음의 힘을 쌓아 둔 시간은 아니었을지.

🍃 요양원을 결정하다

　엄마의 거처에 대해 고민하던 중, 어느 날 예배 후 문득 김 전도사님이 생각났다. 그분은 우리 아이들이 어릴 때 사랑을 많이 주시고 여러 면에서 선한 영향을 끼친 고마운 분이시다. 안타깝게도 지금은 건강이 좋지 않아서 투병 중이시다. 많이 힘든 상황 속에서도 믿음을 지키려 최선을 다하시는 모습에 숙연해지기도 한다. 이따금 내가 전화해서 찬양을 불러 드리면 무척이나 기뻐하셨다.

　오랜만에 전화를 드려서 이런저런 대화를 나누다 엄마의 거처 이야기도 하게 되었다. 많이 고민하고 있다고 솔직히 나누었다. 그분과의 대화를 통해 마음에 얽혀 있던 무엇인가가 풀어지는 듯한 생각이 들었다. 사실은 나도 그 답을 이미 알고 있었는지도 모르겠다. 하지만, 결코 쉽지 않은 선택인지라 망설이고 또 망설이며 과연 이것이 최선일까 생각하고 또 생각하고 있었다. 그분이 말씀하셨다.

　"간병인이 중국으로 떠나게 되는 상황 또한 하나님께서 인도하시는 과정 같아요."

　어떻게 보면 나는 이때 하나님의 뜻이 어떠하든 순종하겠노라고 이미 생각했던 듯하다.

　큰동생은 일단 요양원에 모셔 보자고 조심스레 말했다. 동생이 그렇게 말하는 데에는 합당한 이유가 있었다. 난 항상 동생의 말을 신뢰했다. 지금까지 그래 왔고 앞으로도 그럴 것이다.

　동생의 부모님을 향한 사랑과 정성은 종종 나를 감동시켰다. 서울의 동생 집에서 의정부가 꽤 먼 거리임에도 주말이면 한결같이 와서 엄마를 문병하고 아버지를 뵙고 가곤 했다. 운전하고 오다가 졸릴 때는 종종 휴게소에 들러 커피를 마시면서 나와 막냇동생에게 연락을 했다.

"무슨 커피 먹고 싶어?"

엄마를 면회하러 온 동생의 손에는 늘 우리를 위한 바닐라 커피가 들려 있었다.

세 아들을 키우는 워킹맘인 동생은 당시에 막내가 초등학생이었고 다른 두 아들은 한창 공부할 때라 뒷바라지에 무척 바빴다. 그런데도 두 자녀를 웬만큼 다 키운 내가 부모님을 섬기는 정성과 노력에 견주어 전혀 뒤처지지 않게 자신의 최선을 다했다.

동생들이 상황과 형편을 넘어서서 최선을 다했기에 나도 마음이 허물어지지 않고 온 힘을 다했다. 형용할 수 없는 고통과 슬픔의 터널 속을 지나면서, 내가 엄마께 최선을 다했다고는 자신 있게 말하지 못하겠다. 부족함이 많았고 지쳐서 주춤거릴 때도 많았다. 그러나 내가 할 수 있는 최선을 다하고자 노력한 것은 사실이다. 부단히도 나를 채찍질하고 때로는 초인적인 의지를 발휘하면서 말이다. 주님께서 보이지 않는 오른손으로 붙잡으셨기에 이 모든 것이 가능했음을 안다.

막냇동생은 요양원에 모시는 것을 반대했다. 엄마는 여전히 의식이 있으시고 그때까지는 간병인이 매일 휠체어에 태워서 산책시켜 드렸기에 그나마 병원 밖 풍경도 보셨는데, 요양원에 모시면 누가 산책시켜 드리겠느냐며 애달파했다.

나는 두 동생의 생각을 다 이해했기에 무엇이 엄마께 최선인지를 믿음의 시선으로 해석하려 노력했다. 우리의 의지가 아닌, 하나님의 이끄심에 내맡기기로 했다.

그리고 엄마의 영혼이 어떤 것을 원하실지 계속 나 자신에게 질문을 던졌다.

그러다 보니 이런 생각이 들기도 했다.

'요양원에는 한 번도 모셔 보지 않았으니 미리 걱정만 할 것이 아니라, 일단 시도해 보고 엄마께 적합하지 않으면 다시 병원으로 모시면 되지 않을까?'

주변 지인들의 어머니도 요양원에서 잘 지내신다고 했다. 오히려 웬만한 병원 못지않게 잘 돌봐 드린다고도 했다. 우리의 염려와 달리 엄마는 잘 계실 수도 있을 것 같았다.

A 요양원에 부모님을 모신 지인들을 만나서 다시 한번 진지하게 자문을 구했다. 모두 긍정적으로 답변해 주셨다. 요양원에서 기대보다 친절하고 꼼꼼하게 잘 보살펴 주셔서 마음이 놓인다는 분도 있었고, 처음에는 걱정했는데 막상 거기로 모시고 보니 부모님이 더 건강해지셨다는 분도 있었다. 그분들도 나 못지않게 부모님을 사랑하는 분들이었기에, 그런 답변을 들으니 비로소 염려를 내려놓을 수 있었다. 그때까지 거의 9년에 가까운 세월 동안 엄마는 개인 간병인의 도움을 받으셨기에, 가 보지 않은 길을 두려워하듯 우리가 하지 않아도 될 염려를 너무 많이 했는지도 모르겠다.

경자 이모가 출국할 날이 다가왔다. 우리 세 자매는 6개월이란 오랜 시간 동안 많이 고민하고 기도하며 조사와 면담을 한 끝에 마침내 마음을 정하고 의정부에 있는 A 요양원에 엄마를 모시기로 했다. 끝까지 반대하던 막냇동생도 나와 큰동생이 마음을 정하자 언니들의 의견에 따른다고 했다. 나 역시 그리 결정하기가 쉽지 않았으나 여러 의견을 종합해 볼 때 그렇게 하는 것이 순리 같았다. 정말로 힘들게 내린 결정이었다.

우리는 방학식 이후 7월 말에 엄마를 요양원에 모시기로 했다. A 요양원은 자유 면회가 허락되기에 교사인 우리가 방학을 이용해 매일 찾아뵙기로 마음먹었다.

사실 그 무렵 우리는 주로 주말을 이용해서 엄마를 잠시 뵙곤 했다. 코비드 이전에는 주중에도 엄마께 자주 갔었다. 퇴근길에 엄마를 먼저 뵙고 집에 가는 날이 많았고, 주말에는 간병인과 같이 엄마를 목욕시켜 드렸다. 그러나 코비드 이후 3년간은 면회 자체가 어려워서 당시까지도 병원은 주 1회로 면회가 제한되어 있었다. 엄마 곁에는 늘 간병인이 24시간 함께했기에 자주 뵙지 못해도 마음은 놓였었다.

그러나 상황이 달라졌다. 요양원에는 개인 간병인이 없으므로 우리 손으로 직접 돌봐 드릴 작정이었다. 매일 실시간으로 확인하는 마음으로 자주 뵙겠다고 결심했다.

경자 이모가 엄마를 모시고 우리와 동행하여 요양원 실장님에게 간병 유의 사항을 인계해 드렸다. 우리는 5년 동안 우리 엄마께 최선을 다한 경자 이모께 점심을 사 드리고 사례금을 드렸다.

그리고 큰동생이 시흥의 이모 자택에 차로 모셔다 드렸다. 동생은 체구는 날씬하지만 강단이 있고 판단이 빠르다. 나는 시흥까지 운전하기가 부담스러워서 주저하고 콜택시를 부를까 생각도 했는데 고맙게도 동생이 이모를 섬겨 드렸다.

침상 옆 손주 사진

　엄마는 요양원에서 첫날이 지나자 소변 줄을 끼게 되었다. 엄마를 24시간 곁에서 보살펴 주던 간병인이 있을 때에 비해 아무래도 돌봄의 손길이 달리기 때문에 어쩔 수 없는 선택이었다. 개인 간병을 받으시던 때보다 돌봄이 소홀해지는 것은 당연했다. 요양원에서도 많이 신경 써 주었지만 엄마는 워낙 중증 환자셨다. 엄마를 요양원에 모신 것은 잘못된 판단이었을지도 모른다. 그러나 당시에는 심사숙고해서 결정했고, 실제로 요양원에 모셔 보기 전까지는 알 수 없는 일도 있었다.

　요양원에서 엄마는 2인실에 계셨는데, 방을 함께 쓰는 분이 병원에 입원 중이셔서 1인실처럼 쓰셨다. 요양원 실장님이 우리 세 자매의 이름을 써서 벽에 붙여 놓으셨다. 요양보호사가 엄마께 말을 걸어 드릴 때 딸들의 이름을 넣어서 대화하라는 배려였다. 따뜻한 마음이 느껴져서 고마웠다.

　막냇동생은 엄마 침상 옆에 손주들의 사진을 예쁘게 걸어 두었다. 엄마가 이따금이라도 눈을 뜨면 보시라고.

　막냇동생의 엄마를 향한 사랑을 보고 나는 종종 감동을 받았다. 같은 말이지만 동생이 품은 효심의 깊이와 너비에 감동하곤 했다.

　"우리 비단이."

　엄마는 막냇동생을 그렇게 부르셨다. 심성이 부드럽고 곱기가 비단 같다는 뜻이었다. 막냇동생은 누구와 다투는 것을 싫어한다. 다툴 만한 상황이라고 해도 어지간하면 차라리 손해 보고 피하려 한다. 태어나면서부터 타인과의 관계에서 소란스럽고 거친 것을 싫어하는 성정을 지녔다. 부드럽고 따뜻하며 배려심이 몸에 밴 착한 동생이다.

그런데 제부도 그 못지않게 성품이 착하다. 그래서 하나님께서 두 사람을 만나게 하셨나 보다. 동생의 결혼식에서 주례 목사님이 하신 말씀이 기억에 남는다.

"두 사람은 살아가면서 너무 다른 사람만 배려하지 말고, 때로는 덜 배려하면서 사세요!"

교회 청년부에서 처음 만나 장애인 선교부를 함께 섬긴 두 사람은 청년 시절부터 이타적인 봉사심과 주변을 향한 따뜻한 사랑으로 소문이 자자했다. 둘 다 성품이 좋고 배려심이 많은 데다 자신의 삶을 열심히 살아가는 사람이어서 주변에 사람들이 많았다. 그들을 사랑하는 지인, 그들을 필요로 하는 사람 등.

가족, 친구, 직장 동료, 교회 지체들이 그들을 보며 예수님의 향기를 느꼈다. 그들은 지금 나와 같은 교회를 다니는데 우리 교회에서도 그 사랑의 향기가 깊고도 진하다. 그들이 섬기는 소년부에 주님의 사랑이 많이 전해지기를 기도한다.

엄마를 요양원에 모신 뒤로부터 우리 셋은 누가 시키지 않아도 거의 날마다 출근하다시피 했다. 누구라도 와서 엄마가 외롭지 않도록 정서적으로 지지해 드리고 엄마 컨디션을 확인했다. 남에게 도움을 청하기 어려운 세밀한 부분은 직접 해 드리고자 했다. 환경이 변했지만 우리가 최선을 다해 섬기면 엄마도 마음이 놓이실 것 같았다.

그때 비록 엄마 곁에 24시간 상주하는 간병인은 없었지만 그 대신 딸들이 격일로라도 와서 한 시간 이상씩 머물렀다. 엄마는 어느 때보다도 우리와 가까이 계셨던 셈이다. 큰동생이 말했다.

"요양원으로 오신 뒤부터 엄마가 우리 삶 속으로 더 가까이 들어오신 것 같아."

그것은 맞는 말이었다. 엄마께 가는 것이 다른 어떤 일보다 우선이 되고 있었으니까.

그러나 얼마 지나지 않아 요양원에서 연락이 왔다. 코로나 재유행을 조심해야 하니 앞으로는 가족이 매일 면회 올 수 없다고 했다. 그리고 한 번에 여러 명이 오면 안 되고 짧은 시간만 면회할 수 있다고 했다. 우리는 보통 두세 사람이 같이 갔었는데.

🍁 아들의 입대

엄마가 요양원에 계시던 2023년, 나의 아들은 어느덧 22세의 청년으로 훌쩍 커 있었고 공군에 입대했다.

아들은 어릴 때부터 마음이 따뜻하고 착했다. 중학생 때 MTB(mountain bike, 산악자전거)를 무척 잘 탔다. MTB 전국 대회에서 세 번이나 주니어부 1등을 했건만, 내가 크고 작은 대회에 한 번도 따라가지 못한 것이 두고두고 아쉽다. 그때는 엄마 간병에 전심으로 매달릴 때라 대회가 열리는 주말에 시간을 내는 것이 거의 불가능했다. 그렇지만 감사하게도 남편이 아들 뒷바라지에 최선을 다했기에, 아들은 마음껏 전국의 산야를 다니며 산악자전거를 탔다.

아들은 고등학교에 입학한 후에는 학업에 전념하고자 아끼던 자전거 세 대를 모두 팔고 열심히 공부했다. 그리고 대학에 진학한 후 1학년을 마치고 군대에 가게 되었다. 입대할 때 훈련소로 데려다주기 위해 같이 탄 차 안에서 아들에게 어릴 적 종종 들려주었던 노래 한 곡을 불러 주었다.

20여 년 전, 아들이 아주 어릴 때 나는 말씀을 묵상하다가 여호수아 1장 5절에서 8절 말씀이 너무 좋아서 기도하는 마음으로 노래로 만들었다. 마음에 떠오르는 심상대로 작곡하고 말씀 구절에 아들의 이름을 넣어서 작사한 그 노래를, 하나님 앞에서 아름다운 믿음의 사람으로 성장하기를 간절히 바라며 어린 아들의 귀에 자주 불러 주고는 했다. 시간이 흐르면서 세발자전거를 타던 아들이 두발자전거로 바꿔 타던 시절부터는 그 노래를 들려주지 않았던 듯하다. 그런데 일곱 시간 남짓 걸려 내려간 진주 공군 훈련소에 거의 다다랐을 무렵, 아주 오랜만에 그 노래가 생각났던 것이다.

훈련소 정문에 들어서기 전, 꼭 해 주고 싶은 말이 그 노래에 담겨 있었다. 노래를 부르는데 목이 메고 눈물이 났다. 아들도 울고 있었다. 나는 아들에게 인사를 건넸다.

"사랑하는 아들아, 건강하게 잘 다녀오렴. 잘 자라 줘서 고맙다."

> 네 평생에 너를 능히 대적할 자가 없으리니 내가 모세와 함께 있었던 것같이 너와 함께 있을 것임이니라 내가 너를 떠나지 아니하며 버리지 아니하리니 강하고 담대하라 너는 내가 그들의 조상에게 맹세하여 그들에게 주리라 한 땅을 이 백성에게 차지하게 하리라 오직 강하고 극히 담대하여 나의 종 모세가 네게 명령한 그 율법을 다 지켜 행하고 우로나 좌로나 치우치지 말라 그리하면 어디로 가든지 형통하리니 이 율법책을 네 입에서 떠나지 말게 하며 주야로 그것을 묵상하여 그 안에 기록된 대로 다 지켜 행하라 그리하면 네 길이 평탄하게 될 것이며 네가 형통하리라 (수 1:5-8).

🍁 구급차 뒤를 쫓으며

아들을 군대에 보내고 얼마 지나지 않았을 때 일이다. 요양원 실장님이 엄마를 휠체어에 태워 드린 사진을 보내오셨다. 전에 면담하면서 우리가 엄마를 매일 휠체어에 태워 드리면 좋겠다고 요청했는데, 실장님 입장에서는 그렇게 하기가 어려웠나 보다. 쉽지 않았으리라. 실장님은 조금씩 엄마와 서로 익숙해지면 산책 빈도를 늘리겠다고 말씀하셨다. 나는 엄마가 여러 어르신 사이에 같이 앉아 계신 사진을 보니 반가웠지만, 힘겨워 보이셔서 가슴이 아프기도 했다.

요양원에서는 엄마에 대한 우리의 관심이 지나치고 요양원을 불신하는 것으로 비쳐졌던 것 같다. 방문을 자제하고 요양보호사들을 믿어 달라고 하셨다.

엄마는 요양원에 모시기에는 너무 중한 환자였다. 우리는 요양병원으로 다시 옮기고 간병인을 새로 구하는 것에 대해 생각하기 시작했다. 요양원에 엄마를 모시고 보니 아쉬운 점이 많았기 때문이다. 요양원 직원들이 수고했던 것은 알겠으나 엄마의 상태가 보통 이상의 돌봄을 필요로 했기에 여러 아쉬움이 많았다.

주말이 되어 엄마께 가려는데 요양원에서 전화가 왔다.

"엄마 뱃줄(위와 직접 연결한 튜브인 위루관을 쉽게 부르는 명칭)이 빠졌어요!"

요양보호사가 병실에 들어가 보니 엄마의 위루관이 빠져 있었다고 했다. 나는 한걸음에 요양원으로 달려갔다.

이미 와 있던 119구급대원들이 주말에 위루관을 삽관할 수 있는 시술이 가능한 병원을 찾느라 30분 이상 전화로 알아보고 있었다. 의정부 C 병원도 안 되고, E 병원도 안 되고, 서울 S 병원도 안 되고, 서울 K 병원은 일단 와서 본 후에 시술 가능한지를 결정할 수 있다고 했다. 너무 멀기도 하고 확실하지 않아서 더 가까운 데를 찾던 중 다행히 남양주 H 병원에서 가능하다는 답을 들었다.

막냇동생은 구급차에 엄마를 모시고 동승하고, 나는 내 차로 엄마를 태운 구급차 뒤를 쫓았다. 운전하는 동안 울면서 마음속으로 계속 엄마를 찾았다.

'엄마, 너무 가엾으신 우리 엄마!'

그때 목장 식구들에게 중보기도를 부탁했다. 어려운 상황에서 제일 먼저 떠오른 건 믿음의 가족인 목장 식구들이었다. 모두 하나 된 마음으로 기도해 주셔서 힘이 되었다.

다행히 친절한 의사 덕분에 순조롭게 응급처치를 받았지만, 주말이라서 시술은 월요일에 할 수 있다고 했다. 보호자가 상주할 수 없게 돼 있어서 우리는 월요일에 다시 오기로 하고 엄마를 홀로 두고 귀가했다. 엄마를 두고 집에 가려니 마음이 아팠지만 달리 방법이 없었다. 몸도 피곤하고 마음도 힘들고 너무 속상했다.

나는 이때 귀가하면서 엄마를 다시 요양병원으로 모시고 개인 간병인을 구해야 한다고 생각했다. 그러나 한편으로는 몇 가지 이유로 마음이 썩 내키지 않았다.

개인 간병인을 구하면 그 사람이 어떤 사람인지 실제 겪으면서 확인해야 하는데, 우리 세 자매 모두 그렇게 할 수 있는 시간이 없었다. 당시 바로 며칠 전에 개학을 한 터라 다들 근무 중이었다. 그렇다고 간병 휴직이나 연가를 얻기도 어려운 상황이었다.

엄마는 이미 9년째 투병 중이셨고, 당시 상황이 우리가 당장 직장을 쉴 만큼 긴박하다고 느껴지지는 않았다. 민감성이 떨어졌던 것일 수도 있다. 어쨌든 현 상황에서 간병인을 새로 고용하는 것이 과연 엄마를 위한 최선인지 확신하기 어려웠다. 우리는 방학 때 요양병원으로 다시 옮기더라도 일단은 엄마가 요양원에서 잘 지내시기를 기대하며 좀 더 지켜보기로 했다.

월요일에 무사히 시술을 마친 엄마를 다시 요양원으로 모셨다. 며칠 후, 큰동생에게서 연락이 왔다.

"요양원에서 엄마를 더 이상 돌봐 드릴 수 없대."

위루관 사건 때문에 요양원에서도 많이 놀란 듯했다. 내가 원장님, 담당 실장님 등과 잘 대화한 결과, 일단 우리가 방학할 때까지는 거기서 엄마를 돌봐 주시겠다는 답변을 들었다. 그때까지 엄마가 그곳에서 잘 지내 주시기를 바랐다.

❀ 벗어 둔 신발을 보고, 발길을 돌렸다

엄마가 요양원에 계셨던 동안 애틋한 에피소드가 있다.

어느 주일, 오후 2시에 엄마를 면회하기로 했는데 큰동생에게서 연락이 왔다.

"언니, 2시 반에 와."

나는 그때 가면 되는 줄 알고 교회에서 점심을 먹고 요양원으로 갔다.

그런데 서로 문자 메시지로 이야기하다 보니 소통에 오류가 있었나 보다. 이미 막냇동생이 엄마를 2시에 뵈었고, 큰동생이 2시 30분에 뵙고 있었다. 나도 2시 30분에 갔으나 문밖에 서 있고 뵙지 못했다. 막냇동생이 세 딸이 연이어 방문하면 직원들이 부담스러울 거라고 귀띔해 주었기 때문이다. 나는 문 앞까지 갔다가 문 안쪽에 계신 엄마를 멀찍이서 보고 그냥 발길을 돌렸다. 저만치 창문 너머로 엄마의 침상과 동생들의 모습이 희미하게 보였다.

고마운 동생들과 나는 엄마께 최선을 다하려고 노력했다. 어느 날에는 내가 오후 4시에 학교에서 조퇴하고 엄마를 뵈러 갔다. 그런데 그날 막냇동생도 퇴근 후 4시 반이 넘어서 엄마를 뵙고 싶어서 왔다가 요양원 앞에서 내가 벗어 둔 신발을 보고 그냥 발길을 돌렸다고 한다. 연달아 자매 둘 다 면회하면 요양원 직원들이 부담될 거라 여겼기 때문이다. 그때 동생의 마음이 얼마나 아쉬웠을지, 나도 경험해 보아서 그 마음을 안다.

큰동생이 엄마를 보살피는 요양원 직원들에게 드릴 파이 세트를 정성껏 준비해 간 적이 있다. 그전에 경자 이모가 간병할 때 우리는 언제, 누가 가서 엄마를 뵙든 셋이 약속이나 한 듯이 빈손으로 가는 법이 없었다. 이모의 수고에 뭐라도 좀 위로가 될 수 있도록 간식이나 음료를 사다 드리곤 했다. 엄마는 6인실 병실에 계셨었고, 우리는 같은 병실에 있는 다른 간병인들도 나눠 드시도록 항상 개수를 맞춰서 준비했다. 비록 엄마는 물 한 모금을 못 드셨지만 엄마를 돌보는 분은 맛있게 드시고 힘이 나시기를 바랐다. 엄마처럼 중증 환자를 돌보는 것은 너무나도 힘든 일임을 알기에, 엄마를 부탁드리는 딸들 입장에서 그렇게라도 마음을 표현하고 싶었다.

그런데 요양원에서는 개인 간식 같은 직원 선물은 정중히 사양한다고, 부담된다고 연락이 왔다. 경자 이모는 좋아하셨는데, 항상 고맙다며 사양하신 적이 없었는데.

우리는 명절 같은 때 요양원 직원들에게 선물을 드리려던 마음도 있었는데 앞으로는 그러지 말아야겠다고 생각했다. 그냥 그분들의 양심과 성실을 신뢰하고 요양원 규정을 따르기로 했다.

그때 우리가 요양원에 자주 드나들었던 이유는, 그분들을 못 믿어서가 아니라 가엾은 엄마께 뭐라도 더 해 드리고 싶다는 작은 바람 때문이었다.

촉탁의 진단, 방광염

그 무렵 막냇동생이 큰동생에게 이런 제안을 했다고 한다.

"엄마 모실 집을 얻어서 입주 간병인을 두자. 난 엄마를 요양원에서 나오시게 하고 싶어."

막냇동생은 본인이 휴직한 후에 입주 간병인과 함께 엄마를 보살펴 드릴 생각이었다. 당시에 막냇동생의 자녀들이 어려서 엄마께만 전적으로 매달릴 수는 없고 그렇다고 입주 간병인에게 다 맡기고 가만히 있을 수도 없기에 차선책으로 집에서 오가면서 엄마를 살펴 드리고 싶었던 것이다.

막냇동생의 마음이 고맙고 기특했지만, 현실적으로 무리가 있었다. 동생이 새집을 장만하여 지출이 많을 때라 무턱대고 휴직할 수 없는 상황이었다. 셋이나 어린 누 자녀를 키워야 하는 동생이 엄마까지 돌보는 것은 무리였기에, 평소 합리적인 큰동생이 반대했다.

큰동생은 엄마를 다시 요양병원에 모시고 개인 간병인을 구하자고 했다.

"지금 예금으로 일당 14만 원이 드는 간병인을 고용하면 향후 몇 년간은 유지할 수 있어. 그 뒤에는 우리가 비용을 대든지, 그때 가서 요양원을 알아보든지 하자. 주님의 뜻이 어떤지는 알 수 없지만, 최선을 다해 보자."
 마침 엄마를 요양병원으로 옮겨야 할 이유가 발생했다.
 엄마를 진료한 촉탁의(요양원에서 위촉받은 의사)가 엄마가 방광염이라고 병원에 가셔서 입원 치료를 하라고 했다고 한다. 촉탁의의 처방으로 엄마는 항생제를 드시고 계셨지만, 큰동생은 의사가 입원 치료를 권한 것에 마음이 불편해했다. 아무래도 요양병원에 모시는 것을 실행해야 한다고 생각했던 듯하다.
 나도 갑갑했다. 요양병원에서는 상주하는 의사가 알아서 치료해 줬지만, 요양원에서는 상주하는 의사가 없어서 건강 관리에 어려움이 있었다. 촉탁의의 진료만이 요양원의 의료 수단이라서, 치료를 받자면 모시고 나가야 하는 번거로움이 있었다. 요양원은 병원이 아니라는 사실을 실감했다.
 엄마를 요양병원에 다시 모시자는 큰동생의 말은 일리가 있었다. 나는 그렇게 하게 되면 간병인한테만 맡길 것이 아니라 격주로라도 우리가 직접 간병하자고 했다. 엄마가 덜 외롭고 정서적 지지를 얻을 수 있게 해 드리고 싶었다.
 그런데 한편에서는 막냇동생이 엄마 모실 집을 얻자고 한 것이 떠올라서, 우선 요양원에 모시다가 내 딸의 수능 시험이 끝나면 우리 집으로 모시는 것을 추진하고 싶기도 했다. 엄마가 너무 외롭고 힘겨우신 것 같아서 마음이 심히 아팠기 때문이다. 그렇게 하면 내가 지칠 수 있다고 큰동생이 염려했다. 그렇지만 시도해 보고 싶었다.
 "동생아, 나도 알아. 지칠 수 있어. 그러나 그때 가서 다른 방법을 찾더라도 일단 그렇게 하고 싶어."
 그때 나는 이런 마음이었다.

'엄마든, 아버지든 한 분은 내가 모시는 것이 옳다. 엄마를 이렇게 남의 손에만 맡기고 천국 가실 날만 기다릴 수는 없다. 그때가 언제인지는 모르지만, 내가 할 수 있는 만큼 최선을 다해 보고 싶다.'

집에 환자용 침대를 두고 엄마를 모실 수 있을 것 같았다. 부친을 오랫동안 모신, 교회의 어느 집사님에게 물어 보면 많은 노하우를 배울 수 있을 것 같기도 했다.

집에서 엄마를 모셔 보고 싶다는 생각이 강하게 들었다. 엄마는 너무 오랜 시간을 병원에서 외롭게 투병하셨다. 경자 이모도 없으니 내가 해 보려 했다. 자신은 없지만, 하다가 못하겠으면 병원에 모시더라도 일단 시도해 보고 싶었다.

막냇동생이 엄마를 보고 너무 애달파하는데, 언니로서 그냥 있기가 괴롭고 마음이 아팠다. 엄마를 간병하려면 넘어야 할 산이 많았지만, 막상 하면 할 수 있을 것 같았다. 엄마가 요양원이나 병원에서만 계시다가 천국에 가시면 마음이 너무 아플 것 같았다. 단 몇 달이나 며칠이라도 우리 집에서 모셔 보고 싶었다.

그때가 추석을 앞두고 있을 때라, 막냇동생은 추석 때 엄마를 집으로 모시고 나와서 함께 간병하자고 했다. 그런데 나는 딸의 수능 시험이 임박했기에 당장은 어려웠다.

그래서 수능이 끝나면 방학 때 시도해 보겠다며 마음속으로 이렇게 되뇌었다.

'엄마, 조금만 기다려 주세요. 조금만 기다려 주세요.'

🌸 넘어진 김에 쉬어 가라

막냇동생에게 교권을 침해받는 심각한 일이 발생한 적이 있다. 그때 동생이 무척 충격을 받았다. 목 디스크로 고개를 숙이지 못해 고생하는 중에도 최선을 다해 학급을 운영하고 아이들을 위해 교재를 연구하며 수업 자료를 준비하던 동생은, 그 일로 너무 마음이 상해서 충격에서 쉽게 벗어나지 못했다. 노력의 결과가 그렇게 돌아오는 것을 보며 무척 힘들어했다.

당시 동생은 너무 큰 충격을 받고 괴로워하던 중, 그동안 아파도 참고 견뎌 오던 목 디스크를 치료하기 위해 병가 신청을 하기로 결정했다. 나는 진작에 병가를 내고 치료에 힘쓰라고 권했었다. 옆에서 지켜볼 때 저렇게 아픈데 어떻게 근무하는지 무척 걱정되었기 때문이다. 동생은 제대로 고개를 들기도 힘들고 아파서 퇴근하면 누워 있을 때도 많았는데, 사명감에 교실을 지켜 왔다. 그러다가 몸과 마음이 다 힘든 상황이 되니 감당할 수 없었기에 병가를 신청하게 되었다.

나는 동생을 위해 함께 기도해 줬다. 그리고 이렇게 마음을 전했다.

> 동생아, 알지?
> 전화위복, 새옹지마!
> 너무 속상해하지 말고 이번 일을 오히려 심신의 건강을 회복하는 기회로 만들어 가기를 바란다.
> 아픔과 상처를 오히려 더 나은 교사로 성장하는 성장통이라 여기고, 모쪼록 이 시간을 통해 쉼과 위로를 얻으면 좋겠다.

옛말에 "넘어진 김에 쉬어 가라"라고 했다. 동생에게 이 말을 들려주신 분은 동생의 학교장이신 김 교장 선생님이시다. 그분의 따뜻한 마음에 감사하다. 동생은 2개월 병가를 신청했고, 주변 분들의 위로와 격려 속에서 건강을 되찾는 시간을 갖기로 결심했다. 동생은 그때 근무지인 E 초등학교의 김 교장 선생님의 격려와 배려 그리고 동료들의 사랑에 위로를 많이 받았다.

막냇동생은 한의원과 병원을 번갈아 다니면서 치료에 힘썼고, 병원에 가지 않는 시간을 틈틈이 쪼개어 요양원에 계시던 엄마를 찾아뵙곤 했다.

어느 날 동생은 한의원에 다녀오다가 타이어가 갑자기 펑크 나서 차를 세웠다고 한다. 알고 보니, 도로 한가운데 있던 맨홀 뚜껑에 뭔가 이상이 있어서 거기에 타이어가 패인 것이었다.

동생은 거기서 멈춰 수리 서비스를 부르고 한동안 기다리던 중, 신기하고 무섭기까지 한 붉게 물든 하늘을 보았다고 한다. 많은 사람이 이 장관을 사진에 담았다고 한다. 그 하늘은 우리가 자주 듣고 보던 〈보혈을 지나〉 찬양이 나오는 유튜브 영상의 배경 이미지와 비슷했다. 하늘의 붉은 노을이 마치 피 흘리신 하나님의 아들을 뜻하는 것 같았다. 동생은 대단한 저녁놀의 장관에 압도되었다.

엄마께서 우리 곁을 떠나시던 날 들으신 보혈 찬송의 유튜브 배경 이미지가 이날의 하늘 장관과 거의 같다. 그날 막냇동생은 집으로 귀가하면서 엄마께 볼륨을 낮춘 찬양을 틀어 드리고 갔다. 그것이 이 땅에서 사랑하는 엄마를 향해 드린 동생의 마지막 효도였다.

보혈 찬송을 들으시면서 우리 엄마는 예수님이 흘리신 보혈의 공로로 그 죄가 가리어지고 하나님 나라 영원한 천국 본향에 입성하셨을 것을 믿는다.

하늘의 붉은 노을이 마치
피 흘리신 하나님의 아들을 뜻하는 것 같았다.
… 보혈 찬송을 들으시면서 우리 엄마는
예수님이 흘리신 보혈의 공로로 그 죄가 가리어지고
하나님 나라 영원한 천국 본향에 입성하셨을 것을 믿는다.

✺ 47일의 외출, 다시 요양병원으로

　엄마가 방광염 진단을 받은 후, 큰동생이 요양병원을 알아봤다. 마침 엄마가 전에 계시던 M 요양병원에 새로 생긴 공동 간병실 자리가 있다고 했다. 간병인 두 명이 6인실 환자들을 돌보게 되어 있는 병실이었다. 공동 간병을 받을 수 있어서 따로 간병인 관리에 신경을 쓰지 않아도 된다고 했다. 나는 요양원이 아닌 병원에 다시 엄마를 모실 수 있다는 소식을 듣고 마음이 놓였다.

　큰동생은 그 전주 주말에 혼자 엄마를 문병한 후, 마음이 너무 안 좋았다고 했다. 요양원에서도 열심히 보살폈겠지만, 엄마는 워낙 중증인지라 요양원에 계실 컨디션이 아니었던 것이다. 엄마께는 참 힘겨운 시간이었다. 요양원도 버거웠으리라.

　"가급적 빨리 옮기자."

　큰동생이 말했다. M 요양병원에서 얼른 모시고 오라고 했다는 소식도 전했다. 우리는 기뻐하며 다음 날 낮에 엄마를 모시고 가기로 했다. 그 요양병원은 공동 간병을 받다가 필요하면 언제든지 개인 간병인을 둘 수 있어서 최선의 서비스를 받게 해 드릴 수 있어서 마음이 놓였다.

　우리가 요양원에 퇴원 의사를 전하자, 요양원 사무국장님이 이제 엄마를 좀 알게 되었고 관리에 자신감이 생기고 있었다며 서운해했다. 언제든지 도움이 필요하면 말하라고도 했다.

　그때 나는 학교 상담 주간이라서 조퇴가 어려웠기에 우리 세 자매는 일을 나눴다. 막냇동생은 장애인 콜택시를 예약해서 엄마를 모시고 M 요양병원으로 전원해 드리고, 큰동생은 M 요양병원에 가서 입원 수속을 진행하기로 했다. 나는 직장 일을 부지런히 마치고 A 요양원에 가서 엄마 짐을 챙기고 정산한 후, M 요양병원으로 늦게 합류하기로 했다.

9월 12일, 드디어 엄마를 M 요양병원으로 모시고 가는 날이 되었다. 엄마가 요양원에 계셨던 기간은 47일이었다. 마치 47일 동안 긴 외출을 나오셨던 것 같았다. 그동안 겪은 시행착오를 떠올리면서 엄마를 위해 더욱 정성껏 살펴 드려야겠다고 우리 셋은 다짐했다.

내가 A 요양원에 가서 짐을 챙겨 내려오는데 사무국장님이 가늘게 내리는 비를 맞으면서 배웅했다. 진심으로 서운한 마음을 보였다. 나는 정중히 감사하다고 말했다. 그분들이 애써 주신 것은 나도 안다. 그러나 우리 엄마가 워낙 위중한 환자니까 그곳에 계시면 안 되는 것이었다. 우리도 미처 모르고 요양원에 모셨다. 이제 경험했으니 앞으로는 엄마를 병원에 모셔야겠다고 다짐하며 요양원을 나섰다.

'엄마께서 우리 곁에 계시는 동안은, 우리가 할 수 있는 최선을 다해 엄마를 섬길 거야. 우리 엄마시니까!'

우리는 엄마께 무엇이 최선인지 이제는 확실히 알게 되었다고 생각했다. 다시 요양병원으로 모시는 일을 앞장서서 알아보고 추진한 큰동생에게 고마웠다. 동생은 판단과 행동이 빠르고, 난 그런 동생에게 믿음이 간다.

막냇동생은 당장 다음 날 아침에 요양병원으로 면회를 가 본다고 했다. 기쁜 마음으로 새 공동 간병인에게 드릴 엄마를 돌보는 요령이 적힌 안내문을 예쁘게 작성하기까지 했다. 동생의 정성이 담긴 간병 안내문만 봐도 엄마에 대한 효심과 사랑을 알 것 같다. 동생에게 잘했다고, 고맙다고 마음을 전한다.

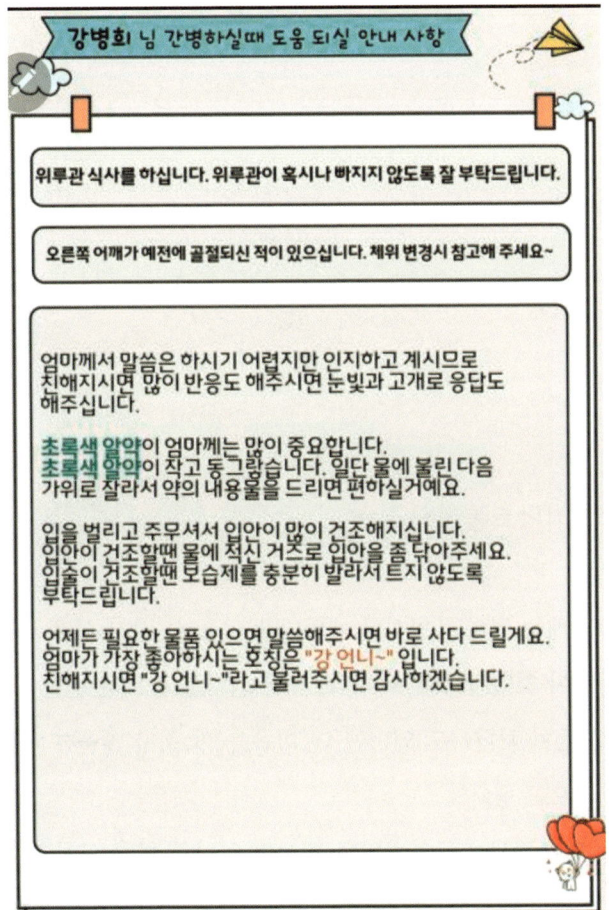

동생의 정성이 담긴 간병 안내문만 봐도
엄마에 대한 효심과 사랑을 알 것 같다.

제3부

시나브로 다가온 기적

🌼 엄마의 저나트륨혈증

우리 세 자매는 엄마를 면회할 때마다 무엇을 사 갈지 서로 물어보고 상의했다. 정답이 있었던 것은 아니다. 그저 엄마를 돌보는 분들에게 진심을 다하면 그분들이 하나라도 엄마께 더 마음을 써 주지 않을까 하는 마음에서 지혜를 모으곤 했다.

어느 날, 막냇동생이 요양병원에 계시던 엄마를 뵙고 와서 엄마가 저나트륨혈증(혈액의 나트륨 농도가 정상 미만으로 낮은 증상)이라는 말을 전했다. 요양병원 의사가 막냇동생에게 이렇게 말했다고 한다.

"원인을 알고 싶으면 어머니를 모시고 큰 병원에 가야 합니다. 신장내과 진료 의뢰서는 써 놨어요."

이미 A 요양원 촉탁의가 내게 엄마의 방광염 진료를 위해 병원에 모시고 가라고 권했는데 서두르지 않고 있었다. 엄마를 요양병원으로 옮긴 후로는 의사가 상주하기에 마음을 놓았던 것이다. 그런데 엄마가 저나트륨혈증이라고 하니 마음이 쓰였다. 엄마의 신진대사에 이상 신호가 오고 있음을 감지했다.

당시에 민감성이 떨어졌던 것도 사실이다. 예전 같으면 더 신속하게 큰 병원에 모시고 가서 대처했을지도 모른다. 그렇지만 엄마가 하루이틀 아픈 분이 아니었기에 이런 마음이 컸다.

'그러다가 좋아지시겠지. 이보다 더 힘든 상황도 잘 이겨 내셨으니 잘 넘어가시겠지.'

엄마를 다른 병원에서 진료받게 하려면, 먼저 우리가 가서 대리 진료를 해야 했다. 엄마는 거동이 현저히 곤란하셨기에, 미리 의사와 상의해야 했기 때문이다. 시간을 내서 신장내과에 가 봐야겠다고 마음먹었다.

큰동생은 우선 요양병원 원장님께 저나트륨혈증에 대한 보존적 치료(병의 원인을 찾아내어 수술 등을 하는 치료가 아니라 약물, 식단 관리 등을 통한 교정 치료)를 받게 해 달라고 요청했다. 수액을 맞으시면 어떨지에 대해서도 문의했다.

큰동생은 엄마가 병상에 계시는 동안 거의 의사 수준이 되었다. 엄마는 큰동생이 부적 든든하셨을 것이다. 우리 세 자매 모두 애썼지만, 의학적인 사실을 확인하고 결정하는 데는 큰동생이 제일 믿음직스러웠다.

엄마는 일단 먹는 소금으로 증상을 조절하고 있었지만, 요양병원에서는 우리가 엄마를 전문 병원으로 모시고 가서 저나트륨혈증의 원인을 찾아서 치료하길 권했다.

그렇지만 우리는 엄마를 큰 병원에 모시고 가는 일에 적극적이지 않았다. 엄마를 모시고 나가려면 준비할 것이 매우 많았고, 저나트륨혈증이 그리 위중한 질병 같지는 않아서 피부에 와닿지 않았다. 병원에 가서 이런저런 검사를 많이 하는 것이 엄마께 힘들 수도 있었다. 일단 요양병원에서 받을 수 있는 치료에 의지했다.

엄마는 9년 동안 여러 병원을 거치셨다. 병원에 계시는 동안, 크고 작은 질환이 생길 때마다 병원 내 주치의 처방과 진료를 통해 치료받고 회복되곤 하셨다. 감사하게도 병원 치료는 항상 효과가 있었다. 위루관을 교체해야 할 때라든가 열이 많이 나는 담관염을 앓으셨을 때에는 큰 병원에 모시고 갔지만, 그 이외 내과적인 치료는 모두 병원 내에서 해결받곤 했다.

당시에도 우리는 그런 생각으로 엄마가 요양병원에서 치료를 받으시게 했다. 요양병원 의사는 거동 불가능 환자에게는 수액이 부담된다고 했다. 막냇동생이 신장내과에 가서 대리 진료를 받았다. 신장내과 의사가 이렇게 말했다고 한다.

"요양병원의 처방을 보니, 영양이 부족하고 약이 많네요. 어머니께 소금을 많이 드리세요. 단순 무식해 보이지만 그것이 방법이에요. 저나트륨혈증이 있는 건 잘 못 드신 탓인지 영양이 부족해서 그런 것 같네요."

사실 경관식이 영양소를 고루 갖췄다고는 하지만 입으로 먹는 식사에 비할 바가 아니다.

그 후에도 엄마는 방광염 등으로 열이 나기도 하셨지만 항생제를 처방받고 잘 극복하셨다. 우리는 엄마가 그때까지 숱한 고비를 헤쳐 오신 것처럼 계속 잘 극복해 나가시리라고 믿었다.

잠깐의 기쁨

막냇동생은 새로 만난 공동 간병인을 보고 인상이 좋아 보인다고 했고, 우리 모두 엄마를 요양병원에 다시 모시게 되어서 기뻤다. 그런데 그 기쁨은 잠깐뿐이었다. 한 간병인이 세 명의 환자를 돌보는 공동 간병으로는 엄마께 역부족이라는 사실을 얼마 지나지 않아 깨닫게 되었다.

큰동생이 담당 간호 실장님으로부터 이런 연락을 받았다.

"어머니를 위해 개인 간병인을 두세요."

당시 병원과의 소통은 큰동생이 전담하고 있었다. 아무래도 고등학교에서 근무하다 보니 수업 사이에 공강이 있어서 초등학교 담임교사인 나와 막내보다는 시간의 융통성을 발휘할 수 있어서 통화가 용이했다.

공동 간병인 시스템이 뭔가 우리의 기대와는 다른 듯했다. 당시 우리는 공동 간병인에게 가능하면 엄마를 오전과 오후에 한 번씩 휠체어를 태워 주십사 부탁해 놨었다. 큰동생은 간병인이 힘에 부쳐 보이니 하루에 한 번만 태워 드리는 것으로 바꾸자고 했다.

간병인이 엄마 양치 관리를 힘들어 해서 막냇동생이 엄마를 모시고 화장실에 가서 직접 양치를 해 드렸다. 양치만큼은 정말 막냇동생이 제일이었다. 동생은 입을 안 벌리시는 엄마께 간곡히 말씀드려서 협조를 구한 후 시원히게 양치시켜 드리곤 했다. 난 동생만큼은 잘 안 되었다. 엄마 양치에 정성을 다하는 동생에게 무척 고마웠다.

우리 세 자매는 상의 끝에 엄마를 추석 때 모시고 나와서 집에서 간병하기로 결정했다. 우리 엄마가 명절이 되면 더 크게 느끼실 외로움에 마음이 먹먹했다.

기적은 이렇게 오는구나!

당시 나는 직장 일이 바쁘고 딸이 수험생이다 보니 일상의 분주함 속에서 엄마를 직접 면회하지 못하고 동생들로부터 소식만 전해 들었다. 엄마를 요양병원에 모신 지 10일 만에 드디어 공동 간병실에서 동생과 함께 엄마를 뵈었다.

동생은 종종 이렇게 소식을 전했었다.

"엄마가 요즘 부쩍 안색이 좋고 눈도 오래 뜨고 계셔. 인지도 또렷하시고 너무 좋은 컨디션이야."

기대감을 안고 병실에 들어선 나는 깜짝 놀랐다. 정말로 엄마가 지난 9년 동안의 모습과 확연히 차이 나는 모습으로 계셨기 때문이다. 무척 생기가 있으셨고 나와 눈을 또렷이 마주치셨다. 예전의 그 힘 없는 눈빛이 아니었다. 마치 쓰러지시기 전의 엄마 눈빛 같았다. 너무 상태가 좋아 보이셔서 깜짝 놀랐다. 무척이나 기쁘고 형언할 수 없을 만큼 감격스러웠다.

정말 믿기지 않을 만큼 좋으셔서 한편으로는 두렵기도 했다. 공포가 아닌 경외심으로. 하나님만이 하실 수 있는 기적의 한 면을 보는 것 같아서 하나님께 경외심이 들었던 것이다. 내 경험의 수준으로 생각할 때는 놀라울 따름이었다. 엄마는 눈빛이 또렷하시고 총기가 있었다.

'얼마 만에 보는 엄마의 또렷한 눈매지?'

정말 엄마의 눈은 반짝반짝 빛나셨다. 마치 먼 미지의 여행에서 돌아온 눈빛 같았다.

게다가 오른손 손가락을 움직이셨다. 그동안 전혀 움직이지 못하셨는데, 손가락의 신경이 회복된 것처럼 움직임이 역동적이었다. 조금 과장하면 피아노 치듯 움직이셔서 난 정말 놀랐다. 9년 만에 엄마가 손가락을 활기차게 움직이시는 것을 본 내 마음은 충격과 놀라움, 경이로움과 두려움 그 자체였다. 있을 수 없는 일을 목도할 때, 즉 피조물인 인간이 창조주의 일하심을 경험하면서 느끼는 경외심이리라. 어찌 보면 내가 감당 못할 장면을 보았기에 들 수 있는 마음 같기도 하다.

인간이 경험할 수 있는 현상을 초월한 장면이 내 눈앞에서 펼쳐졌다. 꿈에도 그리던 엄마의 움직임을 보고서 감탄했다.

'아, 기적은 이렇게 오는구나!'

기쁨과 감격 그 자체였다. 마치 사고 이전의 엄마를 뵙는 것 같은 느낌마저 들었다. 나는 이러다가 엄마가 진짜 일어나실 수도 있다고 생각했다. 기적은 시나브로 오나 보다고 감사했다.

'그래, 주님이 하시면 일어나실 수 있지!'

엄마의 놀라운 변화를 보면서 정말 기뻤다.

그동안 욥이 고난 가운데서 했던 고백이 구구절절 와닿을 정도로 힘든 상황에서 나는 이를 악물고 믿음을 지키려 발버둥 치면서 어떤 상황에서도 주님을 신뢰한다는 고백을 해 왔다. 9년 만에 엄마의 반짝이는 눈빛의 생명력과 활기 있는 손놀림을 보면서는 한 줄기 빛 같은 것을 느꼈다. 주님이 나의 믿음을 보시고 엄마를 일으켜 세워 주실 수도 있다고 생각했다. 하나님이 하고자 하시면 막을 이가 없다고 믿었다.

나는 더욱더 하나님을 신뢰했다. 모든 것이 하나님의 손에 있다. 전지전능하신 하나님이 못하시는 것이 어디 있으랴. 하나님은 죽이기도 하시고 살리기도 하신다. 가장 선하신 뜻대로 일하시는 분이다.

당시 나의 화두는 에스겔 41장이었다. 기도하고 예배드릴 때 자주 마음에 이 말씀이 생각났다.

> 그 사람이 손에 줄을 잡고 동쪽으로 나아가며 천 척을 측량한 후에 내게 그 물을 건너게 하시니 물이 발목에 오르더니 다시 천 척을 측량하고 내게 물을 건너게 하시니 물이 무릎에 오르고 다시 천 척을 측량하고 내게 물을 건너게 하시니 물이 허리에 오르고 다시 천 척을 측량하시니 물이 내가 건너지 못할 강이 된지라 그 물이 가득하여 헤엄칠 만한 물이요 사람이 능히 건너지 못할 강이더라 (겔 47:3-5).

나는 성령에 이끌리는 사람이 되고 싶다. 이 땅이 전부라고 생각하는 믿음, 〈알라딘의 요술 램프〉에 나오는 요정 지니처럼 하나님을 내 소원을 성취하기 위해 찾는 그런 믿음을 넘어서고 싶다. 영원까지 함께하시고 창조주가 되신 나의 하나님 아버지와 그분의 성령에 의해 이끌림을 받는, 진실되고 구별된 믿음의 사람이고 싶다.

이런 기도문을 올려 드린다.

> 주의 성령이시여!
> 어머니의 고난과 아픔을 통해 저를 이끌어 오셨음을 믿습니다.
> 저와 동생들 그리고 우리 가정의 모든 식구들이 성령에 이끌리는 사람이 되게 하소서.
> 진실되고 구별된 믿음의 사람으로 세워 주소서.

❋ 어찌 원망하랴

긴 시간에 걸쳐 고난을 경험했음에도, 처절하게 투병하시는 엄마를 보고 눈물 흘리는 날이 많았을지라도 하나님을 원망할 수 없었던 이유는 말씀을 붙들었기 때문이다.

> 자기 아들을 아끼지 아니하시고 우리 모든 사람을 위하여 내주신 이가 어찌 그 아들과 함께 모든 것을 우리에게 주시지 아니하겠느냐(롬 8:32).

그 아들을 나의 죄를 사하기 위해서 제물로 내주셔서 생명을 주신 하나님을 내 어찌 원망하랴. 그분은 창조주이신데도 당신의 가장 귀한 아들, 당신의 심장 같은 사랑을 내주셨다. 내 아픔이 크고 엄마의 고난이 욥보다 더 심했다 하더라도 어찌 하나님을 원망하랴. 그분은 아들을 주셨다.

그리고 또 한 가지 이유로 하나님을 원망할 수 없었다. 내가 하나님을 원망한다면 그렇지 않아도 모든 것을 다 잃어버린 우리 엄마에게는 아무것도 남지 않는다고 생각했다. 모든 것을 다 잃어도 하나님을 붙들면 그것은 영원을 소유한 것이기에 엄마는 영원한 모든 것을 가지신 것이다. 비록 이 땅의 것들을 모두 잃었다 해도, 그것은 잠시 있다가 사라지는 이 땅에서 잃은 것이고 영원의 세계에서 엄마는 하나님을 소유한 것이다.

그러니 어찌 그 귀한 기회를, 하나님을 믿는 믿음을 붙드는 것을 포기할 수 있었겠나!

우리 세 자매는 편찮으신 엄마를 보는 것만으로도 괴롭고 슬펐는데 하나님을 원망한다면 무엇을 붙들 수 있었겠나!
원망하는 대상을 어찌 신뢰할 수 있을까!

> 감추어진 일은 우리 하나님 여호와께 속하였거니와 나타난 일은 영원히 우리와 우리 자손에게 속하였나니 이는 우리에게 이 율법의 모든 말씀을 행하게 하심이니라 (신 29:29).

하나님을 놓치면 모든 것을 놓치는 것이다. 내가 살기 위해서라도 난 하나님을 불신할 수 없다. 포기할 수 없다. 그분의 사랑, 그분의 신실하심을.
나는 엄마가 극심한 고난 속에 있다고 해도 하나님이 엄마를 아끼고 귀중히 여기시는 그 사랑이 끊어진 것이 아님을 믿었다.

> 그러나 이 모든 일에 우리를 사랑하시는 이로 말미암아 우리가 넉넉히 이기느니라 내가 확신하노니 사망이나 생명이나 천사들이나 권세자들이나 현재 일이나 장래 일이나 능력이나 높음이나 깊음이나 다른 어떤 피조물이라도 우리를 우리 주 그리스도 예수 안에 있는 하나님의 사랑에서 끊을 수 없으리라 (롬 8:37-39).

병상에서 아무것도 하지 못하고 힘겹게 누워 계시는 엄마를 보노라면, 이겨 낼 수 없는 슬픔과 아픔에 나도 모르게 혀를 깨물곤 했다. 문병하고 돌아오는데 혀가 얼얼한 적이 많았다. 그럴 때마다 가늠 수 없는 슬픔으로 마음이 무너지지 않기 위해 말씀을 붙들었다. 집으로 올라가는 엘리베이터 안에서 거울을 보며, 내 귀가 들으란 듯이 내 영혼을 향하여 선포했다.

"감사하라!"

눈물이 날 때, 엄마가 가련해서 견딜 수 없을 때, 난 일부러 큰소리로 선포하듯 이 말씀을 읊었다.

> 항상 기뻐하라 쉬지 말고 기도하라 범사에 감사하라 이것이 그리스도 예수 안에서 너희를 향하신 하나님의 뜻이니라 (살전 5:16-18).

천국 가는 열차

엄마가 놀라울 정도로 상태가 잠시 좋으셨을 때, 나는 기쁜 마음으로 여러 가지를 구상했었다.

당시 대전 집에 가 계시던 아버지를 우리 집 근처로 모셔 와서 섬길 준비를 했다. 아버지께서 혼자 걷기 힘들어하시는데 우리 세 자매 모두 직장에 나가는 낮 동안에는 돌봐 드릴 수 없었기에 일단 요양원에 모실 생각이었다. 동생들과 상의해서 선택해 둔 곳이 있었다. 예쁜 고급 빌리 마을 같은, 노인을 위한 기관이었다. 아버지의 쾌적한 생활 환경을 위해 1인실을 신청해 놓았다. 거기에 계시면 아버지도 좋으실 것 같았다. 자주 찾아뵙고 주일에는 모시고 나와 교회 예배도 함께 드릴 생각이었다.

2023년 9월 23일 토요일, 나는 대전에 계신 아버지가 편찮으셔서 문병하러 대전에 내려갔다. 그날의 단상을 우리 교회 목장 식구들과 SNS로 나눴다.

샬롬. 토요일의 단상을 나눕니다.

오늘 저는 대전 고향에 가 계시는 아버지를 문병하러 내려왔어요. 서울역 2층에서 선로가 있는 1층을 내려다보면 항상 감회가 새롭습니다. 어디론가 떠나 여행한다는 설렘이 느껴져서요. 한편으로는 기차를 타고 어디론가 갈 수 있다는 건, 되돌아올 나의 소중한 일상이 있다는 뜻이지요. 평범한 일상에 대해 더욱 감사함을 느끼게 돼요.

기차를 보니, 천국 가는 열차가 생각났어요. 오랜 질주를 마치고 서울역으로 쑥 들어오는 기차의 육중한 몸체를 보면서 수고했다고 기차를 칭찬하고 싶더라고요. 저는 역으로 들어오는 기차를 보면 설렙니다. 우리 인생의 끝에 그 어떤 엔딩 크레딧 같은 것이 올라갈 때, 예수님을 향한 설렘과 반가움 안고 천국으로 입성하는 장면이 연상되거든요. 그래서 기차를 보면 구원 열차가 떠오르고, 하늘을 향한 소망을 품어야 함을 새삼 깨닫게 돼요.

그런데 그렇게 들어온 기차는 다시 승객을 태우고 출발할 테지요. 우리네 인생 같아요. 지금 플랫폼에 서성이는 많은 사람 중 누구는 그 기차를 타고 떠날 테지만, 그 기차를 못 타는 사람은 출발을 못할 텐데. 우리 곁에 있는 예수님을 모르는 사람들은 천국 가는 열차를 못 타서 지옥에 갈 텐데. 기회 있을 때 내 손을 내밀어서 같이 천국 가는 열차를 타고 싶다는 마음을 역에 가면 항상 느낍니다.

기차에서 내려 지하철을 타는 순간, 대전역에서 만난 큰동생(동생은 서울 수서역에서 따로 출발하여 대전역에서 만났어요)의 휴대폰 벨이 울렸습니다. 놀라고 슬픈 표정의 동생이 "시아버님이 돌아가셨다"라고 했습니다.

오늘 그 천국 열차를 타고 또 한 분이 떠나셨습니다. 저는 지금 전북대병원 장례식장에 가는 차 안에 있습니다.

우리는 기회 있을 때, 천국 복음을 전하며 살아갑시다.

서울역 2층에서 선로가 있는 1층을 내려다보면
항상 감회가 새롭다.
… 역으로 들어오는 기차를 보면 설렌다.
우리 인생의 끝에 그 어떤 엔딩 크레딧 같은 것이 올라갈 때,
예수님을 향한 설렘과 반가움 안고
천국으로 입성하는 장면이 연상되기 때문이다.

그날 큰동생은 수서역에서, 나는 서울역에서 각각 고속 기차를 타고 내려와서 대전역에서 만나 아버지께로 가는 지하철을 탔다. 그런데 그 순간 동생의 휴대폰이 울렸다. 전화를 받은 동생이 깜짝 놀랐다. 광주에 계시던 시아버님께서 갑자기 돌아가셨다는 소식을 들었기 때문이다. 그때는 동생의 시어머님이 소천하신 지 채 세 달도 되지 않았을 때였다.

우리는 서둘러 다시 대전역으로 돌아가서 각자 집에 들러서 남편과 함께 장례식장으로 향했다. 그 시어머니를 보내 드린 같은 장례식장으로 83일 만에 다시 내려갔던 것이다. 정말 삶이 허망하게 느껴졌다.

'가실 때는 이렇게 갑자기 가시는구나!'

큰동생의 시어머님이 천국에 가셨을 때 내 마음이 참 허전했는데, 얼마 안 되어 큰동생의 시아버님도 소천하시니 마음이 너무 서운하고 공허했다. 같은 장소에서 큰 제부의 본가 가족을 예전 장례식 때와 똑같은 모습으로 뵙고 조문했다.

조문하고 올라오는 길에 의정부 M 요양병원에서 온 연락을 받았다.

"어머님이 열이 나시니 상급 병원으로 모시고 가세요. 안 가실 거면, 만일 위독해지시는 경우에 심폐소생술을 할지 말지에 대해 의견을 주세요."

우리는 미리 약속이라도 한 듯이 심폐소생술을 하지 않기로 뜻을 모았다. 그러자 병원에서는 심폐소생술을 거부한다는 것과 병원에 책임을 묻지 않겠다는 것을 밝히는 동의서를 요청했다. 막냇동생이 그날 저녁에 병원에 가서 동의서를 쓰고 왔다. 우리는 엄마가 계시던 요양병원을 신뢰했다. 만일의 경우에 엄마가 고통을 감수한 채 더 연명하게 하고 싶지 않았다.

그날은 아버지를 모시기로 한 요양원 담당자로부터도 연락이 오는 등 하루 종일 참 바쁘고 급박하게 일이 돌아갔다.

이 땅에서 노년의 삶은 참 고되다. 하늘로 가는 여정에는 삶과 죽음이 있다. 이 땅이 인생의 전부가 아니다. 노년의 부모님을 섬기는 데 자녀로서 할 수 있는 최선은, 언젠가 이 땅을 떠나서 거할 천국 본향을 바라보는 믿음이 충만해지도록 돕는 일이다. 그리하여 부모님이 죽음을 두려워하지 않고 하나님 아버지 품에 안기는 그날에 대한 기대감을 가질 수 있게 하는 것이 최선의 섬김이 아닐까 생각한다. 그래서 나는 최선을 다해 아버지를 주일예배에 모시고 가고자 한다. 우리 집에 모시고 살든지 요양원에 계시든지 예배에 모시고 가는 게 가장 중요하다. 비록 노쇠해도 우리 아버지는 하나님을 모신 성전이고 존귀한 예배자니까.

> 너희는 너희가 하나님의 성전인 것과 하나님의 성령이 너희 안에 계시는 것을 알지 못하느냐(고전 3:16).

이튿날 막냇동생으로부터 연락이 왔다. 엄마를 뵈었는데 열이 내리시고 건강 상태가 양호하다고 했다. 기쁜 소식을 전해 듣고 감사했다. 우리는 정말 기쁜 마음으로 공동 간병인에게 따로 사례를 드리자고 의견을 모으기도 했다. 우리에게는 엄마를 돌봐 드리는 모든 분이 참 고맙고 귀했다.

🌱 엄마의 폐렴, 막냇동생의 간병

기쁨도 잠시, 엄마는 다시 열이 났다. 결국 폐렴 진단을 받고 치료에 들어가셨다. 그때 막냇동생이 병가 중이었기에 엄마를 문병하고 언니들에게 연락하는 일을 맡았다. 만일 우리 셋 다 근무 중이었다면 발 빠르게 대처하기 힘들었을 것이다.

막냇동생은 엄마를 예전에 경자 이모가 간병해 드리던 일반 병실(803호)로 옮겨서 같이 병실에 상주하면서 직접 간병하겠다고 했다. 그 대신 자녀들의 일주일 일정표를 내게 보내면서 조카들을 돌봐 주기를 부탁했다. 나는 동생의 효심이 고마워서 조카들을 잘 보살피겠다고 말했다.

동생이 직접 간병할 수 있었던 것은 병가 중이었기에 가능했다. 엄마와의 시간이 그토록 짧게 남았음을 알았다면 아마 나도 당연히 간병 휴직을 하거나 어떤 식으로든 대처했을 것이다. 그러나 그것을 누가 알았으랴. 우리는 아무것도 모르는 상황에서, 오직 하나님만이 아시고 기막힌 시간표대로 이끄셨다. 지나고 나니, 그때 동생이 병가 중이었던 상황이 얼마나 감사한지 모른다.

우리는 엄마와의 시간이 얼마나 남았는지 몰랐다. 마냥, 수년은 더 우리 곁에 계실 것이라고 믿었다. 엄마를 잘 돌봐 드릴 수 있는 새 간병인을 구하기로 결정했다. 일단 동생이 엄마를 간병하고 있었지만 어린 자녀들이 있고, 내가 교대한다고 해도 계속 간병에만 매달릴 수는 없었다. 좋은 간병인을 구해서 엄마를 전담하도록 하는 것이 필요하다고 생각했다.

큰동생이 알아본 간병협회에서 이틀 후에 사람을 보내 준다고 했다. 그런데 막냇동생이 우리를 설득했다.

"간병인을 구하더라도 명절 후에 구하자. 엄마는 이전과 비교가 안 되리만큼 요즘 의식이 또렷하셔. 폐렴 때문에 열도 있으시잖아. 지금은 우리가 엄마 곁에 있어야 할 때라고."

막냇동생의 이 선택이 훗날 우리에게 얼마나 큰 위로가 되었는지 모른다. 그때는 추석을 며칠 앞둔 때였고, 우리는 간병협회에 요청해서 새 간병인을 만나는 날을 추석 뒤로 늦추려고 했다. 그러나 간병협회에도 일정이 있어 어쩔 수 없이 새 간병인을 사흘 뒤에 만나기로 했다.

그런데 그날 저녁, 엄마를 공동 간병실에서 일반 병실로 옮기면서 생각지 못한 어려움이 발생했다. 엄마를 침상째 엘리베이터로 옮겨 드릴 때, 산소통을 옆에 두고 산소를 공급하면서 진행해야 하는데, 간호사들과 무언가 소통이 잘 안 되었던 모양이다. 잠시 동안이지만 산소 공급이 안 되어 엄마가 힘들어하셨다. 안 그래도 힘드신 분이 더 힘드셨겠구나 생각하니 너무 속상했다. 이 일로 막냇동생은 엄마가 더 걱정되어 이렇게 말했다.

"엄마가 폐렴에서 회복하실 때까지 우리가 간병해야 해!"

반면에 큰동생의 의견은 달랐다.

"전문 간병인을 구했으니 지체하지 말자. 그분이 곧바로 엄마를 간병하는 것이 옳을 듯해."

동생들의 의견이 나뉘었다. 나는 둘의 의견을 모아 일단 간병인을 고용한 후 유급 휴가를 드리고 우선 며칠이라도 우리가 간병하는 것이 필요하다고 판단했다. 엄마처럼 중증인 분을 휠체어에 안전하게 태워 드리고 간병할 수 있는 사람을 만나는 것도 쉽지 않았기 때문이다.

🌸 자매는 용감했다!

엄마를 공동 간병실에서 일반 병실로 옮긴 날 밤, 막냇동생은 뜬눈으로 엄마를 간병했다. 엄마는 폐렴으로 열이 계속 나고 기침과 가래도 있었다.

이튿날 아침, 막냇동생에게서 연락이 왔다.

"엄마가 열이 내리셨어!"

그리고 수간호사가 와서 전날의 실수에 대해 진지하게 사과했다고도 전했다. 우리는 속상한 마음이 여전히 있었지만, 간호사들이 일부러 그런 것이 아니고 진심을 담아 사과하기에 더 이상 문제 삼지 않기로 했다. 아무리 잘 보살펴 드린다고 해도 사람이 하는 일인지라 실수가 있게 마련이다. 엄마가 호전되니 주변 상황에 대해 관대한 마음으로 바라보게 되었다.

당시 엄마의 열이 내리니 막냇동생도 마음에 여유가 좀 생겼던 것 같다. 새로운 간병인이 추석 전에 오고 싶어 하면 그렇게 하자고 했다. 우리는 그분을 면접 보기로 했다.

그날 오전에도 막냇동생은 엄마가 편해 보이신다고 많이 안정된 모습의 엄마 사진을 보내며 말을 전했다. 얼마나 반가운 소식이었는지 모른다. 나는 "할렐루야"를 외치며 이렇게 생각했다.

'지금껏 그래 오셨듯이 이번에도 회복되실 거야.'

동생은 말을 이었다.

"엄마가 반응이 좋으시고 진짜 대답을 잘하셔."

감탄해하는 동생에게 내가 물었다.

"넌 힘들지 않아?"

"아니. 오히려 엄마 곁에 오래 머물 수 있어서 기뻐."

나도 기쁜 마음에 병실에 있는 다른 보호자들과 나눠 먹으라고 동생에게 치킨을 사다 주었다.

오후가 되자 주치의가 동생에게 이렇게 말했다.

"어머님은 산소포화도가 정상이고, 나트륨 수치도 좀 올랐네요. 염증 수치도 크게 문제 될 것은 없어 보이네요. 그렇지만 나트륨 수치가 낮은 근본 원인에 대해서는 상급 병원에 가서 검사받는 게 좋을 것 같습니다."

우리는 그동안 엄마가 그보다 더 큰 고비도 많이 넘겨 왔기에 주치의의 권고를 심각하게 받아들이지는 않았다.

막냇동생이 엄마를 간병하는 동안 그 빈자리를 채우기 위해 저녁에는 내가 동생의 집에 가서 조카들을 돌봤다. 그날 저녁에는 삼겹살을 구워 주고 된장찌개도 끓여 주었더니 조카들이 맛있게 먹었다.

"자매는 용감하다!"

우리 자매가 힘들 때 서로에게 해 주는 말이다. 그렇다. 우리는 우리에게 맡겨진 삶을 최선을 다해 살아 내고 있었기에 용감했다. 두려움과 막막함과 견딜 수 없는 마음의 고통 속에서도 서로를 보며 힘을 냈고, 현실의 시련에 맞서며 서로를 향해 용감하다고 말해 주었다. 신기하게도 그렇게 말하면 정말로 지친 마음에 힘이 나고 용기가 생겼다. 말에는 확실히 힘이 있다.

우리는 그때 할 수 있는 최선을 다했다. 더 이상 할 수 없으리만큼.

서로에게 주는 칭찬 스티커

막냇동생은 엄마를 혼자 직접 간병하기 시작한 월요일부터 화요일까지 이틀 동안 자리에 앉지 못하고 줄곧 서서 간병했다. 병실에 의자가 없기도 했지만, 엄마의 상태가 워낙 힘들어 보이셔서 차마 앉을 수 없었다고 한다. 엄마는 좋아지신 듯해도, 염려했던 것보다는 좋아지셨다는 뜻이지 일반적인 상황에 비춰서는 마음을 놓을 수 없었다.

막냇동생은 문자 메시지로 틈틈이 엄마 소식을 전했고, 나는 착한 막내가 마침 병가 중이라 엄마 곁에 있을 수 있다는 사실에 하나님께 정말 감사했다. 막냇동생이 너무 애썼기에 이런 생각도 들었다.

'우리 엄마가 막내딸 안 낳았으면 어쩌실 뻔했나!'

2023년 9월 27일 수요일은 간병협회에서 소개받은 새로운 간병인이 오기로 한 날이었다. 그날 새벽에도 막냇동생은 엄마가 열이 나신다며 걱정하는 문자 메시지를 보냈다. 나는 마음속으로 엄마를 응원했다.

'엄마, 잘 이겨 내실 거라 믿어요. 지금까지 그러하셨듯이!'

막냇동생은 또 밤을 꼬박 새운 듯했다. 이른 아침이 되자 동생에게서 연락이 왔다.

"엄마가 밤새 열이 있고 끙끙 앓는 소리를 내셨는데, 아침이 되니 좋아지셨어."

그러면서 동생은 비록 몸이 힘들지라도 엄마 곁에 있으니 행복하다고 했다. 며칠째 뜬눈으로 고생하면서도 엄마 곁에 있으니 행복하다고 생각하는 그 마음이 너무 고마웠다.

사실 난 월요일, 화요일 막냇동생의 빈자리를 채우면서 불평하기도 했다. 화요일 저녁에 당시 수험생이던 딸이 갑자기 배가 아프다고 해서 내가 퇴근 후 서울의 학원까지 가서 데려왔다. 출근복을 갈아입지도 못한 채 곧바로 막냇동생의 집에 가서 조카들을 챙기고 저녁을 차려 주었다. 동생네 주방에서 설거지를 하고 나니, 내 몸은 완전히 녹초가 되어 있었다. 그래서 엄마를 전담하여 돌봐 드릴 간병인을 구하고 동생은 얼른 가정으로 돌아오기를 바랐다.

막냇동생이 애쓰는 것이 고마웠고 그 정성에 감동했다. 그렇지만 우리 각자의 가정을 돌보는 것 역시 엄마를 섬기는 것 못지않게 중요한 삶이라고 생각했다. 엄마께서 9년을 투병하시는 동안 우리는 자녀들과 따로 시간을 보낸 적이 많지 않았다. 그때는 나의 딸이 수험생이어서 그랬는지 더 내 마음에 여유가 없었던 것 같기도 하다.

아무튼 전날 나는 이런 사정으로 동생에게 불평을 하고서 내심 불편했다. 밤새 마음에 걸려서 아침에 동생에게 장문의 메시지를 보내어 고맙다고 마음을 표현했다. 우리는 그때도 서로에게 말해 줬다.

"자매는 용감하다!"

그것은 서로에게 주는 칭찬 스티커였다.

동생은 간병인이 오더라도 계속 엄마 곁에 있고 싶어 했다. 마침 동생이 병가 중인 것이 얼마나 감사했는지 모른다. 동생이 엄마 곁에 있지 않았다면 우리가 실시간으로 엄마의 상황을 알 수 없었을 것이다. 동생이 직장에서 겪은 힘든 일이 오히려 전화위복이 되어서 그때 그 순간에 가치를 발하게 하시니, 예기치 못한 사건조차 합력하여 선이 되게 하시는 하나님께 진심으로 감사했다.

폐렴은 점점 심해지고

2023년 9월 27일 수요일, 엄마는 가슴 엑스레이를 찍었고 주치의는 상태가 좋지 않다고 판독했다. 이 소식을 막냇동생에게서 듣고서 가슴이 철렁할 법도 했지만 그동안 워낙 큰 산을 넘어와선지 그다지 당황하지는 않았다. 솔직히 엄마가 이번에도 잘 이겨 내실 거라는 마음이 더 컸다.

　주치의는 엄마가 폐렴이 심해지고 심장도 커졌으나 엑스레이 사진으로 보는 것만으로는 정확하지 않고 임상적으로는 양호하다는 의견을 주었다. 그러면서 M 요양병원에서 줄 수 있는 항생제를 다 써 봤기에 이제는 열이 나도 새로 줄 수 있는 항생제가 없으니 상급 병원으로 모시는 것을 권했다.

　그때 우리는 결정해야 했다. 엄마를 상급 병원으로 옮겨 드릴지, 아니면 그냥 그대로 M 요양병원에서 모실지를.

　막냇동생은 전원을 반대했다. 큰동생도, 나도 반대했다. 우리 모두는 약속이나 한 듯이 엄마의 전원을 권하는 의사의 권고를 거절했다.

　그날은 새로운 간병인이 오기로 한 날이었지만, 엄마 곁에는 우리가 절실히 필요하다는 생각이 들었다. 엄마 곁에 함께 있는 그 시간은 어쩌면 엄마가 아니라 우리에게 더 절실한 시간이었는지도 모른다.

　사실 엄마가 우리 곁에 항상 계신다는 보장은 없었다. 엄마가 떠나는 시기가 1년 뒤, 3년 뒤, 또는 그 이상의 시간이 흐른 때일 수도 있겠으나 어쩌면 생각보다 빨리 올 수도 있겠다는 생각이 들었다. 아무도 그때를 모르는 상황에서 우리가 할 수 있는 최선은 뭔지 생각해 보았다.

　'일단 이번 명절에는 우리가 간병해야 해. 지금 엄마가 이렇게 힘드시고 정서적인 지지를 받으셔야 하는데, 우리가 곁에 있어야지.'

　나는 이런 생각이 절실하게 들었다. 그때 큰동생은 시아버님 장례를 치르고 막 돌아온 터라, 나는 막냇동생과 내가 엄마 곁에 있어야 한다고 생각했다. 만일 간병인을 고용하게 되면 유급 휴가를 주는 한이 있더라도 엄마 곁에 우리가 있기로 마음먹었다. 막냇동생이 며칠째 거의 밤을 새우면서 엄마를 간병했다. 나는 동생 덕분에 엄마가 그만큼이라도 힘을 내시는 거라고 생각했다. 동생은 새로 오기로 한 간병인 면접과 주치의 면담을 같이 하자고 내게 병원으로 오라고 했다.

그날 오후 3시에 우리는 주치의를 만났다. 주치의가 말했다.

"어머니를 모시고 큰 병원으로 가세요. 저는 의사니까 객관적 사실을 전달할 수밖에 없네요."

우리는 이렇게 답했다.

"저희는 이 요양병원과 주치의 선생님이 엄마를 위해 최선을 다하실 것을 믿어요. 만일 어떤 일이 생긴다 해도 병원에 책임을 묻지 않을 거예요."

이렇게 대답했던 이유는, 큰 병원으로 모시고 간 다음의 수순을 우리가 잘 알았기 때문이다. 상급 병원에서는 엄마처럼 폐렴에 호흡이 불안한 사람은 십중팔구 중환자실로 들일 것이고 그곳에서 인공호흡기 삽관을 할 것이 명약관화하다. 일단 입원한 후에는 병원의 지시를 따라야 하므로 엄마는 그런 고통을 감수하면서 자식들을 만나지도 못하고 혼자 외롭게 중환자실에서 투병하시게 될 것이 분명했다.

이미 3년 전 비슷한 상황을 경험했다. 엄마께서 위루관이 빠져서 응급시술을 받으러 지역에서 가장 큰 대학병원에 입원하셨던 적이 있다. 우리는 위루관만 다시 삽관하고 곧바로 모시고 나올 줄 알았다. 그러나 진료 과정에서 엄마의 호흡이 불안정했고, 의료진은 인공호흡기 삽관을 권했다. 그런 상황에 마음의 준비가 안 되었던 우리는 곧바로 동의했다. 그날 이후, 다시 만나기까지 엄마는 혼자 외롭게 중환자실에서 기도 삽관을 한 채, 2주 이상 사투를 벌여야만 했다. 동공반사가 없다는 의료진의 설명에, 우리 세 자매는 엄마가 누워 계신 중환자실을 향해 병원 밖, 차가운 시멘트 바닥에 기도의 무릎을 꿇었다. 12월 영하의 날씨조차 춥게 느껴지지 않았다.

동의서를 쓴다는 것이 어떤 의미인지 이미 경험한 우리로서는 다른 선택을 하고 싶지 않았다. 그런 상황이 되는 것을 우리는 허락할 수 없었다. 엄마를 그렇게 해 드리고 싶지 않았다. 절대로 그렇게 하고 싶지 않았다. 우리 세 자매의 생각은 약속이나 한 듯이 똑같았다. 엄마 곁에 우리가 있을 수 있는 방법 안에서 치료를 받으시게 하기로 했다.

그런데 그날 새로 오기로 한 간병인은 우리와 만난 자리에서 불만스러운 표정을 짓더니 속마음을 털어놓았다.

"사실 제가 예전부터 어머니를 알아요. 오늘 와서 뵈었더니, 예전에 어머니 옆 병실에서 다른 환자를 간병하면서 익히 알던 분이더라고요. 근데 어머니가 너무 중증 환자시잖아요. 부담이 되네요. 아무래도 간병할 수 없겠어요."

우리는 차라리 잘된 일이라고 생각하기로 했다. 당시 엄마가 너무 힘들어하시는 상태라 우리가 직접 더 간병해 드리고 싶던 차였으니까.

우리는 다시 간병협회에 문의했고, 협회에서는 새 간병인을 다음 주 월요일에 보내 주겠다고 했다. 우리는 그때까지 최선을 다해 엄마를 보살펴 드리기로 다짐했고, 일이 그렇게 된 것도 감사하고 다행으로 여겼다.

🌸 막냇동생의 애끓는 소리

2023년 9월 28일 목요일, 추석 연휴가 시작되는 이날은 막냇동생이 엄마를 직접 간병해 드린 지 4일째 되는 날이었다. 그날 동생이 언니들에게 보낸 메시지를 보면 언니로서 미안하기도 하고 참 고맙다(나는 동생에게 불평한 이후 다시 마음을 바꿔서 최선을 다해 조카들을 돌봤다).

내가 추석 명절 쇠고 간병인 알아보자고 했잖아. 정 간병인이 안 구해지면 내가 명절 끝나고도 간병한다고 했잖아. 그런데 큰언니는 나 대신 애들 돌보는 거 못하겠다고 딱 잘라 말하고.

물론, 언니도 힘들었겠지. 근데 지금은 우리가 힘내야 할 때잖아.

나라고 안 힘들겠어?

나도 몸은 힘들지. 편두통에 눈도 아프고. 근데 참는 거지. 일단 엄마가 이 위기를 넘기셔야 하니까.

폐렴만 아니면 나도 간병인 빨리 알아보자고 하겠지. 근데 지금 폐렴을 잡아야 하잖아. 밤에는 열이 나신단 말이야. 낮에는 괜찮으시고. 밤에 열 내리시도록 물수건 계속해 드리고, 열나는 원인이 소멸하고 기침과 가래가 없어지기를 기도하며 간호하고 있어.

엄마는 낮에는 의식이 또렷하고 좋으셔. 소변, 대변도 잘 보시고. 다른 건강 상태, 위생 상태는 좋으셔. 구강도 청결하시고.

우리가 요양원, 공동 간병도 경험해 봐서 알잖아. 뭐든지 애정이 중요하더라고. 그게 살리기도 하고 죽이기도 하는 것 같아.

솔직히 말해서 천국에 입선하는 것이 기쁜 일이지, 그리스천에게는!

근데 그 일도 평안한 가운데 일어나면 정말 기쁘지 않을까?

이건 내 욕심인 건가?

그러니까 우리가 힘들어도 좀만 더 부지런해지고 좀만 더 힘을 내 보자고.

요즘 엄마 인지는 정말 또렷하시다고. 난 이것도 기적이라고 생각해.

그러니까 우리의 미션!

엄마 간병하는 동안 최선을 다해 엄마 평안하게 해 드리기!

이 위기 잘 넘기도록 용기 드리고 우리도 힘내기!

엄마가 예쁘니까

그 목요일 저녁에는 큰동생이 간병하러 오려고 해서 내가 그냥 쉬라고 했다. 큰동생도 참 애썼다. 엄마의 후견인으로 크게 수고한 것은 물론, 서울에 살면서도 엄마를 모신 병원 근처에 사는 막냇동생이나 나와 거의 같은 빈도로 문병하곤 했다. 아이도 셋이나 되는데.

우리는 그렇게 서로를 격려하고 의지하며, 서로의 버팀목이 되어 주면서 그 고난과 슬픔을 헤쳐 나갔다. 나는 우리를 세 자매로 낳아 주셔서 엄마께 정말 감사하다. 혼자나 둘이었으면 어찌 감당했을까 싶다.

목요일에는 엄마 컨디션이 많이 좋아지셨다. 체온, 맥박, 혈압이 다 정상이었다. 막냇동생은 기뻐서 엄마가 입원한 층의 간호사들에게 커피를 샀다. 야간 근무를 하는 간호사들에게도 따로 커피를 대접했다.

엄마가 안정을 찾아서 나와 큰동생도 기쁘고 막내에게 너무나 고마웠다. 그만큼 힘을 내 주셨던 우리 엄마에게도 정말 감사했다.

특히, 당시에 야간 근무를 하던 남자 간호사가 성실하고 환자들에게도 매우 친절해서 막냇동생이 우리에게 칭찬을 많이 했다. 그는 선량해 보이는 인상에 키가 크다고 했다. 환자들에게 친절하다는 것은 참 고마운 일이다. 그때 하나님께서 우리에게 정말 귀한 분을 보내 주셨다고 믿는다.

엄마는 공동 간병을 받으시는 동안에 많이 힘드셨다. 워낙 중증이시다 보니 공동 간병인이 여러 사람을 돌보는 시스템에서는 엄마를 세밀히 살펴 드리기 어려웠을 것이다. 공동 간병실에 계셨던 동안 엄마 입천장에 상처가 난 적이 있다. 아마 간병인이 엄마를 석션(가래 등을 흡입기로 뽑아내는 일)해 드리다가 엄마가 입을 잘 벌리지 못하시니 무리하게 했던 것 같다. 엄마는 아프다고 말씀도 못하시는데 얼마나 아프고 힘드셨을까. 그토록 고생하고 힘에 겨운데 견뎌 내야 했던 그 현실이 엄마께는 얼마나 고단하게 느껴지셨을까.

막냇동생이 엄마를 직접 간병한 그 목요일, 동생은 엄마께 딸기에이드를 거즈에 묻혀서 드렸다고 한다. 동생이 엄마께 말했다.

"냠냠하셔야 해요."

엄마는 정말 냠냠 맛있게 드셨다고 한다.

엄마가 거즈에 묻은 딸기에이드를 맛보신 것만으로도 우리는 환호하고 감동했다. 엄마의 또렷한 눈매라든가 작은 움직임에도 우리는 기뻤다. 그렇게 엄마의 손을 잡을 수 있어서, 엄마가 어떻게든 표현해 주시는 반응을 볼 수 있어서 감사했다. 그렇지만 엄마가 얼마나 힘드실지 생각하면 마음이 아팠다. 그토록 힘겨운 시간을 견뎌 내야 하는 엄마의 고통에 목이 메었지만, 어찌 됐든 폐렴은 잡히고 엄마가 회복되기를 바라고 기도했다.

저녁때, 막냇동생은 또 메시지를 보내 왔다. 그 메시지를 보면서 나는 행복하고 감사했다. 엄마와 동생의 대화를 담은 내용을 보니, 마치 내가 그 현장에 있었던 것처럼 기뻤다. 동생은 엄마 곁에서 몸은 비록 힘들지만 진심으로 행복해했다. 그 무렵 엄마는 기적처럼 하루 종일 눈을 또렷하게 뜨고 계셨고 소통이 정말 잘되었다. 동생은 하나님께서 허락하신 그 특별한 은혜를 경험하고 있었기에 피곤함을 이겨 내며 엄마를 간병했다.

동생과 엄마의 대화가 담긴 그 메시지를 다시 돌이켜 본다. 그 메시지를 읽으면서 행복하고 감사했던 기억이 지금도 생생하다.

> 언니, 엄마가 진짜 응답을 잘해 주셔.
> 예를 들어, 내가 "엄마, 나 예뻐?" 하니까 엄마가 고개를 끄덕끄덕해 주셨어.
> 내가 "엄마가 더 예뻐" 하니까 이번에는 고개를 가로저으셨어.
> 내가 막 박장대소했어.
> 내가 "아냐, 엄마가 더 예뻐. 엄마가 예쁘니까 언니들이랑 내가 예쁘지" 했더니 엄마가 웃으셨어. ♡

그때 엄마의 의식이 예전보다 확실히 또렷하셨기에 우리는 어쩌면 오랜 기도가 응답되어 엄마가 일어나는 기적이 일어날지도 모른다고 생각했다. 그때까지 아직 그 소망을 포기하지 않았었다. 하나님이 하시면 안 될 일이 없다는 소망, 엄마를 일으켜 주실 수 있다는 소망.

하나님을 신뢰하는 마음은 변함이 없었다. 물론, 9년이란 시간이 흐르면서 그 소망의 농도는 옅어졌고, 그대로 못 일어나시고 고난 속에 계시다가 천국에 입성하실 거라는 생각이 현실적으로 더 커졌던 것이 사실이다. 그러나 아주 작게라도 여전히 소망을 품고 있었다.

하나님은 무엇이든지 하실 수 있다. 죽이기도 하시고, 살리기도 하시며, 낮추기도 하시고, 높이기도 하신다. 나는 하나님의 영역과 그분의 주권을 인정한다. 나는 피조물이고 하나님은 창조주이시므로. 그분의 주권을 내가 감히 어떻게 제한하랴.

엄마에게 나타났던 엄청난 호전을 허락하신 분도 하나님이시다. 우리가 원하던 대로 기적이 일어나지는 않았지만, 모든 것이 주님 손에 달려 있음을 여전히 신뢰한다.

당시에 엄마는 밤에는 열이 나긴 하셨지만, 낮에는 배변 컨디션을 포함하여 모든 신체 컨디션이 그 어느 때보다도 좋으셨다. 나는 막냇동생이 전해 주는 소식이 매우 좋아서 저절로 힘이 나고 신이 났다. 정말 감사했다. 동생이 엄마 곁에 있는 동안 최선을 다해서 조카들을 돌봤다. 동생들에게 말했다.

"우리 서로 최선을 다하자."

그리고 담임목사님께 엄마를 위한 중보기도를 부탁드렸다. 전날 있었던 수요예배 후에 내게 엄마 안부를 물으셨는데, 기도 부탁을 드려야겠다는 생각이 들었기 때문이다.

🍁 세 명의 간병인

추석 당일이던 2023년 9월 29일 금요일에 막냇동생에게서 다시 연락이 왔다.

"언니, 병원에서 간병인을 구했어. 최근까지 다른 분 간병을 하셨던 분이래."

그분은 병원에서 다른 환자의 간병인이 소개한 분이라고 했다. 중환자만 간병하던 분으로 새로 일자리를 구하던 중에 막냇동생과 만났나 보다. 동생은 타이밍이 기막히다고 좋아하며 말했다.

"일을 잘하신대. 49세니까 보통 간병인보다 젊으시잖아. 옷차림을 보면 멋쟁이셔."

얘기를 들었을 때는 일이 잘 풀리는 느낌이었다. 큰동생도 아는 사람의 소개가 좋다고 했다. 막냇동생이 우리에게 같이 면접을 보자고 했다.
　우리는 오전 11시쯤에 면접을 봤다. 그 간병인은 우리 엄마를 처음 보면서 대번 어머니라고 부르더니 우리를 이렇게 불렀다.
　"언니."
　호칭을 친근하게 부르니 붙임성이 좋은가 생각하려는데, 이게 웬일인가. 몸에서 심한 담배 냄새가 났다. 내가 물었다.
　"혹시 담배 피우세요?"
　그분이 답했다.
　"환자에게 할 것 다 해 놓고 잠시 나가서 피우고 와요. 흡연 후에는 꼭 양치하고요. 제가 위생 관리 철저하게 하니 괜찮아요."
　그렇지만 우리는 마음이 편치 않았다. 가뜩이나 폐렴이라 힘든 엄마께는 적합하지 않은 분 같았기 때문이다. 마음에 심한 갈등이 생겼다. 사람은 구해야 했고, 그분처럼 젊고 적극적인 사람을 만나기는 어려워서 붙들고 싶은 생각도 있었다. 그러나 한편으로는 폐렴을 앓고 있는 엄마의 간병인으로 흡연자는 아닌 것 같다는 생각도 들었다. 사람을 구한다는 것은 정말 힘든 일이다. 참 고되고 고민되는 일이다. 어떻게 해야 할지 갈등이 계속됐다.
　계속 고민하다가 문득 예전에 같은 병실에서 알게 된 간병인 순이(가명) 이모가 생각나서 전화했더니 친구를 소개해 주셨다.
　"나이는 68세이고, 베테랑이야."
　그분과 직접 통화해 봤는데, 원하는 일당이 우리에게는 좀 과하게 느껴졌다. 간병비의 상승률이 일당 상승률의 상위 7퍼센트 안에 든다고 한다. 고된 간병을 해 주시는 분에게 합당한 대가를 드리는 게 당연하다고 생각했지만, 예상했던 일당보다 액수가 커서 부담이 됐다. 일단 다음 날인 토요일에 면접을 볼 수 있다고 해서서 그렇게 하기로 했다.

당시 간병인의 후보로 생각한 분이 한 분 더 있었다. 간병협회에서 다음 주 월요일에 보내 주겠다는 분이었다. 그런데 지난번에 간병협회에서 오신 분이 엄마를 보자마자 일하지 못하겠다며 돌아가 버린 일이 있어서 그다지 신뢰가 가지는 않았다.

우리는 새 간병인을 구하는 일에 고민을 정말 많이 했다. 우리가 없을 때 우리 엄마를 부탁드릴 간병인을 구하는 것은 너무 중요한 일이라서 신중에 신중을 기했다. 좋은 분을 만나게 되기를 간절히 바랐다.

나의 마지막 간병

금요일 낮부터 내가 엄마를 간병해 드리기 시작했다. 막냇동생이 병 구완 물품에 대한 설명과 간병 요령을 꼼꼼하게 글과 사진으로 잘 정리해 놓고 갔다. 그중에 '개구리 쿠션'이 마음에 든다. 엄마 간병할 때 손목 보호대로 쓰면 좋다고 했다. 이것이 후에 얼마나 중요한 역할을 했는지 모른다.

나를 보고 옆 병상을 쓰는 환자의 보호자인 따님이 이렇게 말했다.

"여태 있던 동생 분이 잠도 못 자고 밤을 꼴딱 새우곤 했어요."

동생을 향해 고마운 마음이 몰려왔다. 당시 엄마가 호전되셨던 것은 다 막냇동생 덕분이었다. 엄마가 우리 막내를 안 낳았으면 어쩔 뻔했을까. 막냇동생이 월요일부터 금요일 오전에 이르기까지 5일간 정말 수고를 많이 했다.

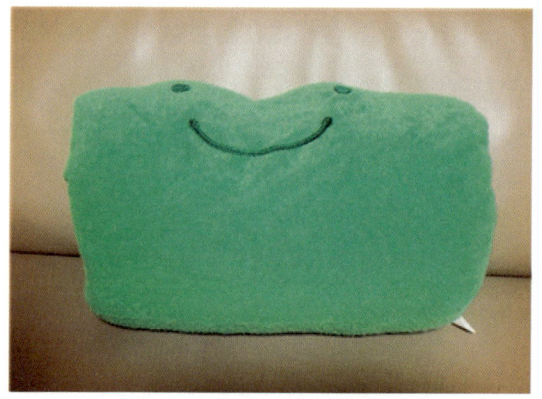

막냇동생이 병 구완 물품에 대한 설명과 간병 요령을
꼼꼼하게 글과 사진으로 잘 정리해 놓고 갔다.
그중에 '개구리 쿠션'이 마음에 든다.
엄마 간병할 때 손목 보호대로 쓰면 좋다고 했다.
이것이 후에 얼마나 중요한 역할을 했는지 모른다.

큰동생과 나는 막냇동생의 효심과 정성에 아무리 자매이지만 깊이 감동했다. 우리 둘은 상의하여 간병비를 위한 예금에서 동생에게 용돈을 보냈다. 우리 엄마를 위해 간병하는 일에 무슨 사례를 바라고 했겠나. 그렇지만 아무리 자식의 도리로 했다고 해도, 그때 막냇동생이 보여 준 엄마를 향한 정성은 사랑과 헌신 그 자체였다.

집으로 귀가한 막냇동생은 내가 정리해 둔 주방을 보고 아주 좋아했다. 이번엔 거꾸로 집에 있는 나의 아들과 딸을 동생이 잘 챙겨 주겠다고 메시지가 왔다. 우리는 그렇게 서로서로 도우며 자식과 조카들을 위해 사랑의 품앗이를 했다. 공동육아를 한 셈이다.

내 아들과 딸이 클 때 큰조카이다 보니 이모들의 사랑을 이만저만 받은 것이 아니다. 감사할 따름이다. 우리 애들이 아기였을 때, 막냇동생은 방학이나 주말에 내가 힘들면 자주 우리 집에 와서 아이들을 돌봐 주고 놀아 줬다. 심성이 어찌나 곱고 아이들과 호흡을 잘 맞추는지 정말 그쪽 방면에 달란트가 있다. 아이들을 사랑하고 이해하는 특심이 있다.

큰동생이 토요일 저녁에 교대해 준다고 하여 내가 2일간 엄마를 간병했다. 금요일에는 엄마의 숨소리가 약했다. 구강 석션을 해 드리지 않았나. 이미 입천장에 상처가 많으신데, 무리해서 해 드리고 싶지는 않았다.

그날 밤, 나는 마음이 평안하고 감사했다. 엄마 곁에서 숨소리가 고르게 주무시는 엄마를 뵈니 매우 감사하고 행복하기까지 했다. 엄마는 밤새 편하게 잘 주무셨다. 기침을 한 번도 안 하셨고, 가래도 없고 숨소리가 깨끗하셨다. 정말 감사했다.

병실에 종일 있자니, 새삼 그 803호 병실과 그곳에 계신 간병인들에게 사랑과 감사의 마음이 저절로 들었다. 그 병실은 전에도 엄마가 계시던 곳이었다. 거기서 엄마를 모시고 나와 요양원에, 또 공동 간병실에 모셔 봤지만 결과적으로는 엄마가 고생을 하셨다. 그러다가 다시 803호로 돌아오니, 나는 비로소 환자 여섯 명과 간병인 여섯 명이 복닥거리는 이 병실이 얼마나 귀하고 좋은지 알게 되었다. 803호 병실에서 엄마가 편안하고 안정돼 보이셔서 모든 것이 감사했다.

당시 그 병실에는 조선족 간병인이 대부분이었다. 나는 중국에서 와서 힘든 일을 하는 그분들이 존귀하게 느껴졌고, 병실 자체가 너무 좋았다. 그래서 병실에 딸린 화장실을 청소했다. 누가 시키지 않았지만 변기까지 닦았다. 낡고 오래돼서 잘 닦이지 않았지만 그러고 싶었다.

감사와 안도감으로 화장실을 청소하다 보니, 이전에 엄마가 이곳에 입원해 계시던 시간을 아주 나쁘게 생각했던 게 떠올랐다. 그러나 요양원과 공동 간병실도 경험해 보니, 여기서 보낸 시간과 복닥거리던 공간은 최악이 아닌 최선의 공간과 시간이었다. 그동안 너무 고생하신 엄마가 안쓰럽고 속상하기도 했지만, 앞으로는 개인 간병만 받게 해 드리겠다고 다짐하면서 열심히 변기를 닦았다. 많은 분과 함께 생활하는 그 공간의 모든 장소가 다 귀하게 느껴졌다.

엄마는 토요일 낮부터 다시 가래가 끓으셨다. 지난밤에 편히 주무셔서 마음을 놓았는데, 실제로는 마음을 놓을 단계가 아니었던 것이다. 낮 동안 엄마 입에서 너무 가냘픈 기침 소리가 이어졌다. 마치 여린 새가 우는 것 같았다. 기침 소리에 너무 힘이 없어서 내 마음이 아팠다. 예전에 기침하실 때는 그래도 소리가 좀 컸는데 그날은 힘이 없어도 너무 없게, 가냘프면서도 길게 기침을 하셨다. 가래가 끓어서 석션을 해 드렸다.

✸ 예비하신 만남

　내가 간병하던 토요일에 면접 보기로 한 사람이 왔다. 아는 간병인의 친구라는, 간병에 베테랑이라는 분이었다. 그런데 매너가 별로 없었다. 약속 시간보다 먼저 와서는 지인을 병실로 보내어 나를 불렀다.
　나는 그때 엄마 피딩 중이어서 바로 나갈 수가 없었다. 내가 약속 시간을 딱 지켜서 나가자 그분이 막 화를 냈다. 나는 기분이 상했지만 나중에 어떻게 만날지 몰라서 화를 내지는 않았다. "침 뱉은 우물에 가서 다시 먹는다"라는 속담이 있다. 결국, 마음에 꼭 드는 간병인을 구하지 못하고 이분이 엄마를 잘 돌봐 드릴 것 같으면 붙들어야 할 수도 있기 때문에 일단 말을 경청했다. 그런데 간병을 다음 주 수요일에나 시작할 수 있다고 했다.
　간병인 문제로 친이모께 전화로 상의를 드렸다. 이모가 말씀하셨다.
　"처음부터 그렇게 약속을 안 지키는 사람은 하지 마. 언니를 맡기기에는 마음이 안 놓이네."
　이럴 때 이모가 계셔서 참 다행이라고 생각했다. 어른이 곁에 계신다는 것은 참 든든한 일이다.
　교회에도 어른이 있다는 것은 참 감사한 일이다. 주님을 경외하고 기도의 깊이가 있는 어른, 그런 권사님, 장로님이 많이 계시면 성도들이 행복하고 하나님도 기뻐하시는 건강한 교회가 될 것이다.
　나는 젊은 시절, 즉 이십 대 때와 삼십 대에 두 아이를 낳아 한 아이는 둘러업고 한 아이는 손잡고 걸리며 철야예배를 다닐 때, 교회의 권사님들에게서 신앙을 보고 배웠다. 섬김의 자세, 온유하고 겸손하신 주님을 닮은 인격, 기도하는 삶, 말씀에 근거한 사랑의 권면 등을 보고 배웠다. 그분들은 하나님과 동행하는 모습이 아름다웠고, 신앙의 비밀도 아시며, 예수님을 닮아 가셨다.

　세월이 가고 신앙의 연륜이 쌓이면서 그때 교회 어른이었던 그분들이 생각나곤 한다. 어느새 나는 교회에 가면 나보다 나이 많은 어른보다 나보다 젊은 성도들을 더 많이 보는 나이가 되었다. 나도 믿음의 본이 되는 삶을 살고 싶다.

　어쨌든 당시에 세 명의 간병인 중에서 누구를 선택할지 고민이 많이 됐다. 젊고 일은 잘하지만 담배를 피우는 사람, 베테랑이라고는 하지만 매너 없고 화를 낸 사람, 아직 누군지 모르는 다음 주에 온다는 간병협회 사람. 자칫 일 잘하는 사람을 놓칠까 봐서 고민이 많았다.

　그런데 젊지만 흡연한다는 분이 먼저 거절 의사를 밝히면서 자연스럽게 정리가 됐다. 우리는 간병협회에서 보내 준다는 분이 좋은 분이기를 바랐다. 만약 그렇지 않다면 그냥 베테랑이라는 분을 부르기로 했다.

　그날 나는 엄마를 돌보는 간호사들에게 감사를 표현하고 싶은 마음이 들어서, 인근에 맛있기로 소문난 샌드위치를 주간와 야간 간호사들에게 배달시켜 드렸다. 엄마가 입원한 층에 있는 간호사들이 다 고맙고 귀했다. 돈은 좀 들었지만 우리 엄마를 위해서 이 정도의 서비스는 얼마든지 해도 좋다고 생각했다. 물론, 그분들은 맡은 일에 최선을 다하겠지만, 그래도 나의 정성을 봐서라도 우리 자매들이 없을 때 엄마께 말 한마디라도 더 걸어 주고 관심 어린 표현을 해 주면 좋겠다고 바랐다. 비록 말 한마디 또렷하게 제대로 못하시지만, 엄마는 존귀한 분이셨다.

　지난날, 엄마 간병을 하다 보면 회진하는 의사 가운데 엄마께 말을 거는 분이 있었고 그렇지 않고 슬쩍 보고 가는 분이 있었다. 그때 말을 걸어 주는 의사를 보면 그렇게 고마울 수가 없었다. 엄마는 다 알고 우리와 소통을 하셨는데 병원에서는 그렇지 않다고 여길 때도 많았다.

그날 낮에는 나의 아들이 아주 오랜만에 할머니를 뵈러 왔다. 당시 아들은 신병 훈련을 마치고 휴가를 나와 있었다. 너무나 감사하게도 자대 배치를 받는 날이 명절 휴가의 시작일이어서 연휴 동안 집에서 쉬고 배치받은 부대로 가게 되었는데, 매우 드문 경우라고 했다. 이 덕분에 우리 엄마가 가장 사랑하던 맏손자는 마지막으로 할머니를 뵐 수 있었다. 주님의 은혜였다.

엄마는 고개를 들고 맏손자를 한참 응시하셨다. 맏손자가 기막힌 타이밍에 명절 휴가를 나왔기에 두 사람이 만날 수 있었다. 나는 엄마가 사랑하시는 큰손자인 우리 아들을 만난 것이 정말 감사했다. 그렇지만 그 만남이 정확히 어떤 의미의 만남인지 그때는 몰랐다.

아들이 병원에 올 때 내가 부탁한 게 있었다.

"집에 있는 라벤더 콜라겐 팩 가루 좀 가져와."

우리는 엄마께 콜라겐 팩을 해 드렸다. 엄마는 원래 피부가 좋으셨다. 우리 눈에는 백만 불짜리 피부로 보였다. 그 피부를 더욱 곱게 가꿔 드리고 싶었다. 팩을 하면 심리적으로 이완되고 편안해지니까 엄마가 좋아하시는 것 같았다. 팩을 해 드리면서 엄마께 말씀드렸다.

"엄마, 사랑해요."

엄마는 내가 간병하는 이틀 동안 줄곧 눈을 뜨고 계셨다. 그러신 적이 9년 동안 한 번도 없었는데. 그때 엄마는 정말 의식이 또렷하고 눈을 계속 뜨고 계셔서 기적 같았다. 그렇게 엄마의 인지는 좋은 상태였지만, 엄마의 기침에는 힘이 너무 없었다. 열은 미열이지만 계속 났다. 나는 수건을 물에 적셔서 얼굴을 닦아 드리고 이마에 얹어 드렸다.

제4부

이별의 준비

🌸 잠을 이루지 못하시다

큰동생이 저녁에 와서 간병을 교대한 토요일 밤, 엄마는 열이 나고 숨도 가빴다. 큰동생은 문자로 계속 엄마의 소식을 알려 왔다. 나는 속상해하는 큰동생에게 아무래도 밤이라서 더 그런 것 같다며 위로했다. 그리고 마음속으로 엄마의 투병을 응원했다.

'엄마, 힘내세요!'

큰동생이 엄마의 입천장에 난 상처를 보고 구강 연고를 찾았다. 내가 낮에 사다 두었는데 찾지 못했나 보다. 내가 문자로 자세히 알려 주었다.

그날 밤, 우리 세 자매는 자정이 넘도록 서로 연락하며 간병을 공조했다. 내가 간병하던 전날에는 엄마가 열은 나도 밤에는 잘 주무셨는데, 토요일 밤에는 더 힘드셨던 것 같다. 엄마는 잠을 이루지 못하고 힘들어하셨다.

막냇동생이 조언했다.

"작은언니, 야간 당직 간호사에게 부탁해서 엄마께 산소마스크 해 드리는 게 좋겠어."

다행히 다음 날 아침에는 큰동생이 반가운 소식을 전했다.

"엄마가 열이 내렸어. 눈도 잘 뜨시고 좋아 보이셔."

주일이던 그날, 막냇동생은 오후에 자신의 큰딸과 병실로 면회를 가겠다고 했다. 그 조카딸은 우리 엄마가 키워 주셨다. 엄마는 그 아이를 키우는 동안 나와 통화할 때면 시간 가는 줄 모르고 손녀 자랑을 늘어놓으셨다. 그 아이의 재롱과 커 가는 모습에 너무 행복해했고, 육아의 힘든 시간조차 그 사랑이 너무 커서 다 잊으시는 듯했다.

그렇게 사랑한 손녀를 만났으니 엄마가 기뻐하셨으리라!

❋ 하나님의 사인, 주일예배

2023년 10월의 첫날은 주일이었다. 그런데 그날 드린 예배는 여느 때와 좀 다른 예배였다. 나는 예배드리면서 하나님께서 무엇인가 사인을 주신 것 같은 느낌을 받았다.

그날 수일 설교의 주제는 '빼앗기지 않는 기쁨'이었다. 예수님이 십자가에 달리시기 전에 제자들에게 하신 말씀에 관한 내용이었다.

너희 기쁨을 빼앗을 자가 없으리라 (요 16:22).

목사님은 이 땅에서 모든 것을 잃어버린다 해도 우리에게 있는 구원의 기쁨은 빼앗기지 않는다고 말씀하시면서 하박국 말씀도 같이 인용하셨다.

> 비록 무화과나무가 무성하지 못하며 포도나무에 열매가 없으며 감람나무에 소출이 없으며 밭에 먹을 것이 없으며 우리에 양이 없으며 외양간에 소가 없을지라도 나는 여호와로 말미암아 즐거워하며 나의 구원의 하나님으로 말미암아 기뻐하리로다 (합 3:17-18).

이 말씀은 우리가 엄마를 생각하면서 몇 해 전 드린 설날 가족예배(아버지와 세 자매 가정이 모두 모여 드린 예배)에서 함께 봉독하고 나눈 말씀이기도 했다.

그런데 그날따라 성가대 특송이 소위 장례식 곡이었다.

> 나 가나안 땅 귀한 성에 들어가려고 내 무거운 짐 벗어 버렸네.
> 죄 중에 다시 방황할 일 전혀 없으니 저 생명 시냇가에 살겠네.
> 길이 살겠네. 나 길이 살겠네. 저 생명 시냇가에 살겠네.
> 길이 살겠네. 나 길이 살겠네. 저 생명 시냇가에 살겠네.
> - 〈나 가나안 땅 귀한 성에〉, 찬송가 246장

들으면서 장례식 곡이라고 생각하고 있었는데, 성가대 특송이 끝난 후 담임목사님이 성도들을 향해 질문하셨다.

"이 곡은 주로 언제 부르죠?"

"장례식이요."

"맞아요. 그렇지만 저는 평소에도 이 찬송을 자주 부릅니다."

목사님은 그렇게 말씀하셨지만, 나는 아무래도 당일 설교 내용과 하박국 말씀, 성가대의 특송이 왠지 평범하지 않다는 생각이 계속 들었다. 그 모든 것이 내게는 무겁게 다가왔다.

내가 인생을 살아오는 동안 하나님은 그분의 중요한 일을 행하실 때, 때로는 갈 바를 알지 못해 내가 간구할 때 예언의 말씀으로 앞길을 인도하셨다. 그 예언은 많은 경우, 주일에 드리는 예배에서 말씀을 통해 선포되었다.

예를 들면, 내가 결혼을 앞두고 3일 금식기도를 했을 때 주일 말씀의 주제는 '동행'이었다. 나는 그 말씀을 듣고 결혼의 확신을 얻었고 하나님께서 말씀을 통해 응답해 주셨다고 믿었다.

핀란드로 유학 가는 남편을 따라서 직장을 휴직하고 갈지 말지를 고민할 때는, 금식기도원의 강사 목사님의 설교 말씀을 통해 '남편에게 순종'이라는 주제로 하나님께서 응답해 주셨다.

10년 전, 자녀 교육을 위해 의정부를 떠나 서울로 이사하려 한 적이 있다. 당시 주옥같은 설교로 매주 영혼에 꿀송이 같은 말씀을 전해 주시던 고 (故) 김국명 원로목사님께서 〈너는 이 강을 건너서 못할지니〉라는 제목으로 주일 설교를 하셨다. 하나님은 그때에도 주일 설교를 통해 의정부를 떠나지 말고 남을 것을 말씀하셨다. 그때 나는 40일을 작정하고 기도하면서, 서울로 이사하려는 계획에 대한 하나님의 뜻을 구하던 중이었다. 주일에 선포된 말씀에 순종하여 이사할 계획을 멈추고 의정부에 뿌리내렸다.

항상 그랬다. 주님의 음성을 듣는 가장 확실한 방법은 예배에 마음과 뜻과 정성을 다해 말씀 앞에 앉는 것이었다. 특히, 주일예배가 그랬다.

그런데 그날 엄마가 폐렴으로 힘드신 상황에서 드린 예배의 모든 상황이, 그동안 하나님과 동행해 온 나의 신앙 여정에 비추어 볼 때 의미심장하고 다른 때와 달랐다. 내 마음에 무엇인가 묵직한 무게가 느껴졌다. 모든 메시지가 장례를 준비하라는 말씀 같았다.

사실 나는 엄마에게 폐렴이 생겼다는 소식을 듣고, 우리가 상급 병원으로의 전원을 거부하고, 의사는 요양병원에 책임을 묻지 않겠다는 동의서를 쓰라고 할 때부터 '영정 사진'을 준비해야겠다는 생각이 들곤 했다. 하나님을 신뢰하기에 어떤 상황을 허락하시든 믿음으로 순종하려 했다.

하지만, 나는 아직 마음의 준비가 되지 않았었다. 엄마와의 시간이 그렇게 빨리 끝나지 않기를 바랐다. 그것은 먼 훗날의 일이라 여겼다.

'아직 시간이 더 많이 있을 거야. 엄마는 언제나 그랬던 것처럼 회복해서 탈탈 털고 일어나실 거야.'

엄마를 간병하는 큰동생은 여전히 엄마가 기침을 하신다고 걱정했다. 나도 그게 마음이 쓰였다. 막냇동생은 오후에 간병 물품으로 기저귀 박스를 사고 있다며 사진을 보내 왔다. 동생들을 격려했다.

"우리, 힘을 합해서 엄마를 위해 최선의 환경을 만들자!"

큰동생이 답했다.

"알았어. 저녁때 엄마께 가요무대(흘러간 노래로 추억을 되새기게 하는 음악 프로그램) 들려 드릴게."

그러고 보니 우리 엄마는 노래도 참 잘 부르셨다. 우리가 어려서 주공아파트에 살 때, 엄마는 입주민 노래 자랑 대회에 나가서 〈찔레꽃〉이란 노래를 아주 멋지게 부르셨다. 우리는 노래 가사처럼 즐거웠던 시절을 떠올리며 엄마의 건강했던 모습을 그리워했다.

🌸 하늘 문이 열리고

월요일 오전에 간병협회에서 보낸 간병인이 왔다. 솔직히 큰 기대를 하지 않았는데, 우리의 예상과는 달리 기대 이상으로 좋은 분이었다. 그동안 우리가 봐 온 간병인 중에서 제일 인상이 덕스러워 보였다. 한국인으로, 주일학교 교사를 오랫동안 했고 당시에는 일하느라 교회 봉사를 하지 못하고 있었지만 마음의 중심에 신앙이 있는 분이었다. 사람이 점잖고 인상이 좋아서 기쁘고 감사했다.

큰동생과 나는 그분에게 엄마의 간병에 필요한 것을 인계했다. 우리는 엄마 곁에 좀 머물다가, 엄마께 또 온다고 인사를 드리고는 병실에서 나왔다. 새로 온 분이 엄마를 알아 가려면 빨리 자리를 피해 드리는 것이 좋을 듯해서였다.

귀가하는 길에 운전하면서 지하 차도 진입로에 들어서는데 하늘에 생전 처음 보는 형태의 구름이 보였다. 그 구름이 너무 신기해서 난 연신 셔터를 눌렀다. 마치 둥그런 창같이 난 구름이었다. 나는 그 구름에 이름을 지었다.

"하늘 문 구름이네."

정말 하늘 문이 열린 것 같은 특이한 모양이었다. 참 신기하기도 했다.

하늘 문이 열린다는 것은 그 문으로 들어가거나 나오는 것이 있다는 뜻이나. 그 문으로 은혜의 빛줄기가 임하는 모습이 그려졌다.

천국 문처럼, 은혜의 창문처럼 보이는 그 구름을 보면서 여러모로 좋은 징조로 여겼다.

지하 차도 진입로에 들어서는데
하늘에 생전 처음 보는 형태의 구름이 보였다.
그 구름이 너무 신기해서 난 연신 셔터를 눌렀다.
마치 둥그런 창같이 난 구름이었다.
… 그 문으로 은혜의 빛줄기가 임하는 모습이 그려졌다.

나는 집 근처 재래시장에 들러 전과 과일 등 식구들을 위한 먹거리를 이것저것 샀다. 자유로운 기분으로, 시장 한쪽에서 파는 비빔국수도 맛있게 먹었다. 주인아주머니의 익숙한 솜씨로 만든 그 국수는 아주 맛났다. 꼬박 일주일간 세 딸이 엄마를 간병해 드리다가 비로소 믿음이 가는 간병인을 구했기에 마음이 가볍고 자유롭고 평안했다.

새 간병인으로 기대보다 훨씬 인상이 좋고 품위 있는 분을 만나서 참 감사했다. 그런 분에게 엄마를 부탁하고 나왔으니, 얼마나 마음이 가뿐하고 마음이 놓였는지 모르겠다.

그때가 엄마를 오래 간병했던 경자 이모가 중국으로 떠나신 지 두 달이 조금 더 넘은 때였다. 그동안 지켜본 바에 의하면 엄마는 의식이 또렷하셨기에 이제 새로 온 간병인과 잘 맞춰 나가기만 하면 된다고 생각했다. 딱히 걱정이 되지 않았다. 이번 폐렴도 잘 극복하고 넘어가실 거라 믿었다.

그런데 ….

🌱 엄마의 신음

병원에서 나온 지 두 시간이 채 안 되어 새 간병인에게서 전화가 왔다.
"어머니가 많이 힘들어하세요."

우리가 가고 나서 얼마 지나지 않아 엄마가 식사 후에 열이 나시고, 갑자기 소리를 지르시며 많이 불안해하신다고 했다. 간병인이 다급히 엄마 귀에 전화기를 대 드렸다. 딸과 소통하시면 진정되실까 해서 그랬던 모양이다.

엄마는 신음을 크게 내고 계셨다. 마치 우시는 것처럼. 어쩔 줄 몰라 하시는 게 느껴졌다. 난 마음속으로 주님께 부르짖었다.

'주여, 이게 웬일입니까!'

전화기 너머로 엄마는 떼쓰는 아이처럼, 평소에 들어 보지 못했던 큰소리로 울부짖듯이 소리를 계속 지르셨다.

"아! 아! 음 …!"

엄마는 엉엉 울기까지 하셨다. 안절부절못하는 불안함과 고통, 힘겨움과 간절함이 배어 있는 신음과 고성을 들으니, 내 마음이 물 쏟아지듯 했다.

'주여, 어찌해야 합니까?'

간병인은 간호사를 불러 혈압과 산소포화도 등을 측정했는데 양호하다고 전했다. 나는 일단 엄마가 그동안 일주일 이상 딸들이 곁에서 밀착하여 간병해 드리다가 모두 가고 낯선 사람이 와서 간병하니 아마 심리적으로 불안하고 힘들어서 그러시는 것 같다고 해석했다.

그런데 엄마의 신음이 심상치가 않았다. 솔직히 난 정신적으로 무너져서 주저앉고 싶었다. 이런 생각이 폭풍처럼 몰려왔다.

'할 만큼 했는데, 우리가 열 일 제쳐 놓고 돌아가면서 직접 간병했는데, 이제 새로운 간병인도 구했는데, 더 이상 뭘 어떻게 해?

엄마가 이러면 내 마음이, 우리 마음이 불안해서 어떻게 해?

딸은 수험생이고, 막냇동생도 자기 애들 돌보는 걸 내려놓고 명절 내내 엄마께 몰두했는데, 엄마가 이러시면 우리는 도대체 어쩌란 말이야?'

너무 힘들었다. 엄마가 가련해 마음이 아프면서도, 한편으로는 너무 당황스럽고 속상하고 괴로웠다. 나는 갑작스러운 엄마의 신음과 고성의 의미를 이해해 보려 했으나, 감당이 안 되는 상황에서 당황스러움과 함께 다른 감정이 스스로를 옥죄어 왔다.

그것은 '짜증'이었다. 할 수 없는 것을 해내야 한다고 요구받을 때, 방법은 없고 다른 대안도 없을 때에 밀려오는 무력감과 힘겨움이 발칵 나를 뒤집어 놓았다.

엄마가 일부러 그러셨겠나. 고통스러우니까 울부짖듯이 힘겹게 신음하고 고성을 지르며 어쩔 줄 몰라 하셨을 뿐이었다. 솔직히 나는 어떤 일이 벌어지고 있는 것인지 도무지 파악할 수 없었다. 그런 신음과 고성이 무엇을 의미하고 어떤 단계로 접어드는 과정인지 전혀 알지 못했다. 다만 지금까지와는 굉장히 다르시다는 것, 달라도 너무 다르게 표현하셨다는 것에 놀라고 당황했다.

그 신음은 마치 사람의 소리가 아닌 것 같은, 본능적인 어떤 소리와도 같았다(이렇게 표현하는 것이 엄마께 죄송하지만 내가 아는 어휘 안에서 다른 적절한 표현을 찾지 못하겠다). 무엇인가를 전달하려는 메시지라기보다는 너무 불안하고 무섭거나 고통스러워서 제발 살려 달라고 본능적으로 지르는 소리 같았다.

어떤 상황인지 판단이 잘 안 섰다. 내 마음이 심히 요동해서 견딜 수 없었기에 다시 병원으로 들어가야겠다고 마음먹었다. 가족 모임이 예정되어 있어서 고민이 되었지만, 엄마의 상황이 너무 다급해서 그냥 있을 수 없었다.

나는 엄마의 신음이 절규인지, 딸을 부르는 부르짖음인지, 아니면 영안이 열려서 무엇인가 어두운 영적 세계를 목도하신 것인지 도대체 알 수 없었다.

이렇게 모르는 것투성이인 내가 어찌 하나님을 의지하지 않고 내 힘으로 산단 말인가?

나는 주님을 의지하며 마음속으로 기도했다.

'주님, 엄마에게 평안을 주소서!'

그리고 내가 할 수 있는 최선을 다해서 손목이 저리도록 휴대폰을 들고 엄마께 말씀을 드렸다. 찬송을 불러 드리고 시편 23편을 간절한 마음으로 암송하면서 거듭해서 귀에 들려 드렸다.

> 예수가 거느리시니 즐겁고 평안하구나.
> 주 안에 자고 깨는 것 예수가 거느리시네.
> 주 날 항상 돌보시고 날 친히 거느리시네.
> 주 날 항상 돌보시고 날 친히 거느리시네.
> - 〈예수가 거느리시니〉, 찬송가 390장

> 여호와는 나의 목자시니 내게 부족함이 없으리로다 (시 23:1).

엄마는 약간 진정되시는 듯했고, 이내 잠잠해지셨다. 내 마음도 가까스로 진정됐다. 간병인에게 내가 다시 병원으로 가겠다고 하자, 이제 괜찮아지셨고 잘 돌봐 드릴 테니 너무 염려하지 말고 내일 오라고 했다. 나는 불안하기는 했지만 새로 오신 분을 믿고 우선 있어 보기로 했다.

🍁 가족이라는 울타리

엄마의 신음으로 힘들고 놀랐던 날에는 가족 모임이 있었다. 큰 제부가 부친상에 함께한 가족에게 고마운 마음을 표현한다고 저녁 식사를 대접하겠다고 했다. 나는 심란해서 약속을 취소하고 그냥 집에 있을까 하다가 그냥 예정대로 식사 모임에 참여했다. 엄마 소식을 전하면 동생들이 걱정할 것 같아서 자세한 말은 하지 않았다.

잘 먹고 식사 후 우리 집으로 가서 다과를 먹으면서 대화를 나누었다. 엄마를 위해서 기도회를 하자고 하려다가 모두 지쳐 보여서 그날만큼은 그 말이 쉽게 나오지 않았다.

나는 명절 때면 세 자매의 가정이 모일 때, 항상 가족예배나 기도회를 하자고 했다. 엄마가 투병하시는 상황에서, 가족이 엄마를 잊지 않고 그분을 위해 기도하는 것이 엄마에 대한 최소한의 예의이며 자녀로서 해야 할 도리라고 여겼기 때문이다. 엄마는 그냥 그렇게 누워 계신 것이 당연한 듯 잊혀져 가는 분이 아니라, 엄연하게 우리 곁에 함께하시는 어머니이셨기 때문이다.

그리고 무엇보다 그 엄청난 시련의 상황을 우리 힘으로는 감당할 수 없었기에, 우리의 산 소망 되신 주님을 높여 드리고 주님 앞에서 예배하는 것이 우리의 살 길이라고 생각했기 때문이다.

그래서 우리는 항상 명절에 만나서 헤어지기 전에는 둥그렇게 앉아서 예배드리고 기도하곤 했다. 코로나로 외박이 금지되기 전, 명절이 되면 병원에 외박 신청을 하고 엄마를 우리 집으로 모셔 오기도 했다. 온 가족이 엄마 곁에 둘러앉아 가족예배를 드리는 은혜로운 시간을 가질 수 있었다.

엄청난 시련의 상황을 우리 힘으로는 감당할 수 없었기에
우리의 산 소망 되신 주님을 높여 드리고
주님 앞에서 예배하는 것이
우리의 살 길이라고 생각했다.
엄마를 모시고 모두 함께 가족예배를 드리고 나면,
말할 수 없는 기쁨과 하나님의 위로를 경험했다.

그런데 당일에는 기도회를 하자는 말이 잘 안 나왔다. 그냥 그렇게 먹고 마시고 대화하면서 우리는 가족의 사랑을 서로 나눈 후 각자 집으로 헤어졌다. 3개월도 안 되는 짧은 시간 사이에 부모님 두 분을 다 여읜 큰 제부에게 그날의 가족 모임이 작게나마 마음에 위로가 되면 좋겠다고 바라면서.

가족이 함께한다는 것은 정말 큰 힘이 된다. 피를 나눈 형제는 아니지만, 하나님이 가족의 울타리로 모이게 하신 우리 세 자매 각각의 남편 세 명을 생각해 본다. 이 세 쌍의 부부의 연합이 어디 보통 인연이고 만남일까 싶다. 너무나 소중하고 귀한 가족 안에서의 시간이 우리에게 위로와 힘을 준다.

우리는 추석 선물로 과일을 주고받았다. 답례를 바란 게 아니라 따뜻한 마음 씀씀이로 선물을 전달했는데, 결국 서로서로 맛있는 과일을 나누게 됐다. 제부들에게 고마웠다.

다행히 간병인으로부터 다른 연락이 없었다. 전화가 안 오는 것을 보니 엄마가 안정되신 것 같았다. 그날 밤, 나는 엄마가 잘 계시리라 믿으며 생각했다.

'날이 밝으면 얼른 가 뵈어야지!'

합력하여 선을 이루는 것

그다음 날 막냇동생과 함께 엄마를 면회했다. 새 간병인이 말했다.

"어머니가 강직이 심하셔서 고생하셨어요. 밤새 끙끙 앓는 소리를 내시고 잘 못 주무셨어요. 산소포화도도 불규칙하고요. 새벽에 상태가 안 좋으셔서 가족을 부를 뻔했어요."

옆 병상의 할머니 따님이 거들었다.
"딸들이 집에 가고 난 후에 어머니가 마음이 허전해서 그러신지 강직에다가 어디가 아프신 것 같더라고요."
그러면서 딸들이 교대로라도 옆에 있으면 좋겠다고 귀띔했다.
나는 일단 낮 동안에 간병인과 같이 엄마를 간병해야겠다고 생각했다. 반면에 막냇동생은 간병인에게는 밤에만 엄마를 돌봐 달라고 하고 낮에는 우리가(실질적으로는 병가 중이던 막냇동생이) 간병하는 것도 고려해 보자고 말했다. 내가 동생에게 말했다.
"간병인을 따로 쉬게 할 게 아니라 우리가 엄마 곁에 있더라도 같이 계시게 하자. 우리는 각자 가정도 돌봐야 하는데, 간병인이 환자를 두고 밤에만 오시게 할 순 없어."
우리의 이야기를 전해 들은 큰동생은 이렇게 제안했다.
"막내가 낮에 가서 오래 있는 것이 중요한 게 아니라, 한 시간을 있더라도 우리가 꾸준히 가 뵙는 것이 중요해."
큰동생은 지속 가능한 방법을 생각했다.
이처럼 우리의 생각이 서로 다를 때도 있었지만, 그 다름이 최선의 결과를 이끌 때가 많았다. 우리는 정의감과 사랑이 깊은 막냇동생의 감성과 사실을 확인하고 합리적으로 사고하는 큰동생의 지성이 조화를 이뤄서 그 가운데서 가장 적절한 선택을 할 때가 많았다.
지난 시간 동안 우리가 했던 모든 결정의 중심에는 이런 생각이 있었다.
'엄마가 과연 어떤 것을 원하실까?'
물론, 우리가 항상 옳은 결정만 했던 것은 아니다. 엄마를 요양원에 모셨던 이유는 당시 아버지의 거처 문제와도 맞물리면서 개인 간병인을 고용하기 버겁다는 사실을 인식했기 때문에 잠시 다른 방식의 돌봄을 선택했던 것이다. 결과적으로 그 방법은 엄마에게 맞지 않았다. 그러나 하나님은 우리의 판단 착오와 어설픈 생각까지도 다 아시고 결국에 모든 것이 합력하여 선을 이루게 하신다.

> 우리가 알거니와 하나님을 사랑하는 자 곧 그의 뜻대로 부르심을 입은 자들에게는 모든 것이 합력하여 선을 이루느니라(롬 8:28).

이 말씀에 대한 설교를 우리 교회에서 들은 적이 있다. 목사님은 합력하여 선을 이룬다는 것이 내 원대로 잘 먹고 잘살고 내 맘대로 다 된다는 뜻이 아니라고 하셨다. 고난을 통해 하나님이 내 삶의 소망임을 깨닫고 그분께 집중하는 신앙을 가지게 된다면, 바로 그 과정 자체가 합력하여 선을 이루는 것이라는 말씀이었다. 나는 이 말씀에서 은혜를 참 많이 받았다.

이 땅은 언젠가 반드시 떠나는 유한한 세상이다. 우리라는 존재는 이 땅에 소풍을 나온 것이고, 나그네 같으며, 잠시 있다가 사라지는 안개와 같다고 성경에 쓰였다.

> 내일 일을 너희가 알지 못하는도다 너희 생명이 무엇이냐 너희는 잠깐 보이다가 없어지는 안개니라(약 4:14).

그런데 우리는 마치 영원히 이 세상에서 살 것처럼 아등바등하고, 생명의 주관자가 되신 하나님을 〈알라딘의 요술 램프〉에 나오는 지니처럼 여겨 내 복락을 빌며 이 땅에서 잘되게 해 달라고 기도할 때가 많다. 그러다가 내 마음대로 잘되면 다시 내가 삶의 주인 노릇을 하는 교만이 마음속에서 올라오고는 한다.

세월이 흐르고 나이가 들어서 언젠가 주님 앞에 섰을 때 그렇게 연속한 삶의 모습이 얼마나 부끄러울까?

우리의 소망은 하나님 나라 본향이다. 우리 주 예수님이 이 땅에 재림하실 때, 우리의 죽은 몸은 영원히 살 새로운 형질의 몸으로 변화되어 부활의 존재로 살아간다. 그런 불멸의 존재가 바로 하나님의 자녀 된 우리의 신분이다.

목사님은 이 땅에서 겪는 고난과 아픔을 통해 하나님만이 인생의 소망이자 목적이 되심을 알고, 주님을 알리고 주님을 더욱 알아 가는 존귀한 삶이 인생의 진정한 본분임을 깨달아 간다면, 그것이 바로 합력하여 선이 되는 것이라고 하셨다. 이 성경 말씀이 이런 의미인 줄 이전에는 잘 몰랐다. 비록 우리의 소원대로 엄마가 회복되지는 않으셨지만, 우리 가족이 엄마의 고난과 투병을 통해 하나님만이 인생의 소망이자 목적임을 깨닫고 천국 본향을 바라보게 된 과정 그 자체가 '합력하여 이루어진 선'이었음을 믿는다.

기적의 일주일, 마지막 선물

경자 이모의 출국 이후, 엄마께서 요양원과 M 요양병원 공동 간병실을 거치면서 폐렴에 걸리신 것이 너무 안타깝고 슬프다. 그럼에도 마침 명절 연휴가 시작되어 엄마가 딸들의 정성 가득한 간병을 일주일 동안 꽉 차게 받으셨다는 사실에 감사하다(그해의 추석 연휴는 10월의 개천절까지 길게 이어졌다).

우리 또한 엄마의 또렷한 눈매와 그윽이 응시하시는 그 빛나는 눈빛을 가슴 벅차게 누리며 엄마 곁에서 일주일을 지냈으니, 이 얼마나 감사하고 행복한 일인가!

엄마와 지낸 꿈같은 일주일은 정말 감사하고 진심으로 행복한 시간이었다. 그 시간은 소중하고 귀하다. 하나님께서 세 딸에게 허락하신 특별 보너스 같은 선물의 시간이었다.

그때 나는 엄마를 간병하면서 엄마가 눈을 계속 뜨고 계신 모습에 감격했고 기적이라 생각했다. 엄마의 투병 기간 중, 두 눈을 뜨신 모습은 보기 드물었다. 어쩌다가 그런 모습을 뵈면 너무 행복하고 감사했다. 문병 가서 기도하고 찬양하고 많은 얘기를 해 드려도 엄마는 눈을 전혀 뜨지 않는 날이 많았다. 어쩌다 실눈이라도 떠 주시면 얼마나 기쁘고 감사했는지 모른다. 그랬던 엄마가 눈을 오래 뜨고 계신 것만으로 감사했다.

연휴 마지막 날이던 2023년 10월 2일 밤에는 엄마의 산소포화도가 안정되었고, 막냇동생과 의논할 일이 있어 귀가했다. 하나님은 세밀하셔서 그 큰 고난을 헤쳐 갈 수 있도록 우리 자매가 가까이 살 수 있는 은혜를 주셨다. 같은 아파트 옆 동에 사는 막냇동생이 밤에 우리 집으로 건너와 엄마를 간병하는 문제와 자녀들을 돌보는 문제에 대해 새벽까지 상의했다. 막냇동생은 다음 날 오전 11시에 엄마 면회를 예약해 두었다.

우리는 다음 날 주치의가 출근하면 엄마의 폐 엑스레이를 다시 찍은 후에 향후 행보를 결정하기로 했다. 일단 병원에서는 간병인이 있더라도 당분간 보호자도 직접 와 있는 것이 좋겠다고 말했다. 그래서 막냇동생은 주중에, 출근하는 나와 큰동생은 주말에 교대하면서 우리가 꾸준히 엄마 곁을 지키기로 했다.

빨리 오세요! 더 빨리 올 가족 없나요?

2023년 10월 3일 수요일, 오전 7시 50분에 간병인에게서 전화가 왔다.

"어머니께 빨리 오세요!"

그런데 나는 학교에 출근하여 조퇴를 신청하고 서둘러 병원에 가야겠다는 생각으로 학교로 차를 몰았다. 그 '빨리'란 말이 얼마나 빠른 것을 의미하는지 알지 못하고 급박한 상황임을 전혀 알아차리지 못했으니 정말 무지했다. 다행히 주님이 은혜로 엄마를 붙들고 계셨으니 망정이지 하마터면 엄마와의 마지막 시간을 놓칠 뻔했다.

병원에 사랑하는 가족이 누워 있다면, 그 병원에 있는 의료진이 빨리 오라고 할 때는 열 일 제치고 달려가야 하는 것을 이제는 알겠다. 그냥 "와 보세요"가 아니라 "빨리 오세요"라는 말을 들었을 때는 그야말로 할 수 있는 범위 안에서 가장 빨리 가야 한다. 살면서 경험해 보지 않은 갑작스러운 상황에 대처해야 할 때가 인생에는 많다. 이래서 인생의 연륜 있는 어른들과 관련 분야의 선배들의 말씀을 경청해야 하나 보다.

학교 교문으로 들어가는 골목길 앞에서 좌회전 신호를 기다리는 중에 이번에는 병원 간호사의 전화를 받았다.

"빨리 오세요! 어디세요?"

"20분쯤 걸려요."

"더 빨리 올 수 있는 가족 없나요?"

그제야 나는 뭔가 심상치 않음을 느꼈다. 그대로 병원에 가지 않고 고지식한 교육공무원으로서 학교에 가서 복무 상신을 하고 병원으로 가면, 두고두고 후회할 것 같은 직감이 들었다.

곧바로 가겠다고 전화를 끊고는 교문 앞까지 갔던 차를 다시 돌려서 병원으로 향했다. 가장 빨리 갈 수 있는 지름길을 골랐다.

학교 옆 모퉁이 길을 돌아 차도를 달리는데 조카와 통화가 되었다. 막냇동생이 이미 병원으로 향했다고 했다. 동생이 나보다 먼저 갈 듯했고 마음이 놓였다.

다시 유턴해서 학교로 가서 복무 상신을 했다. 연가 신청을 하면서 연가 사유에 '어머니 위독'이라 입력했다. 일생에 한 번 쓸 그 다섯 글자를 그때 사용한 것이다. 언제 그런 날이 올까 했는데 바로 그날이었다.

연가 신청을 마친 후 부랴부랴 학교를 나왔다. 이 글을 쓰는 지금, 그때의 긴박함이 느껴져서 몸에 힘이 들어간다. 다시 생각해도 긴장되고 초를 다투는 시간이었다.

그러나 학교에서 행정 절차를 마치기까지, 나는 한시가 급한 사람처럼 전혀 행동하지 않았다. 비록 힘든 시간을 보내고 계셨지만 예전에도 엄마는 여러 차례 폐렴을 앓으시다가도 치료 후 회복되곤 하셨다. 그랬기에 내가 그렇게 처신했던 것인지 나는 나의 행동을 이해할 수 없다. 엄마는 생명이 경각에 달려서 1분 1초가 아까운데, 어떻게 난 학교로 되돌이키시 복무 상신을 하고 나왔는지 스스로 용서가 잘 안 된다. 만약 엄마가 그대로 돌아가셨다면 나에게는 그 일이 너무 큰 트라우마로 남았을 것이다.

간병인이 호출하고 병원에서 애타게 보호자를 찾는 상황이었기에 그때 나는 교사로서, 공무원으로서 일 처리를 마치고 가는 것이 아니라 열 일 제치고 달려갔어야 마땅하다. 그런데도 난 그렇게 하지 않았고, 동생이 엄마 곁에 있다는 안도감에 행정 절차를 처리하고 갔다.

내가 미련했고 둔했다. 인생에 한 번뿐인 엄마와의 마지막 시간을 그렇게 놓칠 뻔했다. 주님은 이런 나의 연약함을 아시고 엄마를 더 우리 곁에 두셨다. 나는 성실하고 책임감이 강했지만, 더 중요한 상황에 대한 인식이 부족했고 소심했다. 난 나의 이런 단점이 마음에 안 든다.

엄마께 너무 큰 불효를 저지를 뻔했던 그 아침에 주님은 기회를 연장해 주셨고, 나와 동생들은 엄마의 병상 앞에서 모두 만났다. 그 아침에 엄마를 불러 가지 않으신 것에 대해 하나님께 정말 감사하다.

> 하나님의 어리석음이 사람보다 지혜롭고 하나님의 약하심이 사람보다 강하니라
> (고전 1:25).

하나님께서 어찌 어리석으시겠는가?

사람이 아무리 애를 쓰고 지혜롭게 한다 해도, 하나님의 인도하심이 최선이고 최고이며 최상임을 알려 주는 말씀이리라!

그렇다. 하나님의 미련하심이 나의 모든 재주, 지혜, 경험보다 지혜로우시다. 이 하나님이 나의 하나님이 되어 주시니 감사하고 또 감사하다. 실수와 허물 많은 나를 대신해서 인도해 주시고, 실패와 절망이 아니라 합력하여 선을 이뤄 주신 나의 하나님. 내 인생길의 발자국을 돌이켜 보니, 하나님이 나와 동행하지 않으신 적이 단 한 번도 없었다.

병원으로 가면서 9년 전 새벽에 충남대학교병원에 모였던 시간이 주마등처럼 스쳐 갔다. 꼭 그때 같았다. 마음속 깊이 기억된 오래전 그날, 더도 말고 덜도 말고 딱 그날 같았다. 그 무섭고 두렵고 슬펐던 날, 말이 안 돼서 울기만 했던 그날, 2015년 10월 15일 그 새벽 같았다.

🌱 9년 전, 마치 그날처럼

엄마가 쓰러지셨다는 비보를 처음 전한 사람은 대전에 살던 고종사촌 언니였다.

언니는 그 엄청난 소식을 내게 전화로 알리면서도, 내가 놀랄까 봐 본인이라도 침착하려 노력했던 것인지, 아니면 직업이 의사여서 그런 일을 많이 경험해서 놀라지 않았던 것인지 조용한 어조로 천천히 하나하나 짚어 가면서 설명했다.

"정현아, 외숙모께서 뇌출혈로 쓰러지셔서 지금 충남대병원 응급실에 계셔. 급히 수술해야 하는데, 워낙 상태가 안 좋으셔서 수술받다가 오늘 돌아가실 수도 있고, 살아난다 해도 식물인간이 되실 거야. 긴급히 수술해야 하는데, 이 수술은 외삼촌은 동의하셨지만 자녀들까지 동의해야 할 수 있어."

그때 나는 자정이 넘은 시각에 공개 수업 준비로 자료를 검토하고 있었고, 휴대폰을 진동 모드로 해 놓아서 전화를 받지 못했다. 고모는 그 밤에 우리 부모님 댁으로 찾아가서 거실에 놓인 엄마의 전화번호부 수첩에서 '큰시위'라고 적힌 번호를 찾으셨다고 한다. 너무 큰 충격으로 직접 전화하지 못하고, 의사인 고모의 둘째 딸에게 내 남편 번호로 전화하도록 시켰다고 한다.

그때 난 미친 듯이 울부짖으면서 말했다.

"왜? 왜!"

그 말의 의미가 무엇이었는지 지금은 정확히 기억하지 못하지만, 나의 그 "왜"라는 말은 아마도 이런 물음이었던 것 같다.

"왜 우리 엄마가 그런 상태이신 건데?
어떻게 엄마한테 그런 일이 있을 수 있어?
돌아가신다는 건 뭐고, 또 식물인간은 무슨 소리야?"

그 기막힌 순간을 어찌 글로 다 표현할 수 있을까 싶다. 분명한 것은 상상조차 하지 못했던 너무나 비극적인 일이 일어났다는 것이고, 우리 세 자매의 인생은 2015년 10월 15일 이전과 이후로 바뀌었다.

고모가 사촌 언니에게서 수화기를 건네받아 내게 엄마의 개두 수술 동의 여부를 다시 물었고, 난 1초도 주저 없이 최대한 빨리 수술해 달라고 다급히 말했다. 이어서 고모는 나의 남편에게 할 말이 있다고 바꿔 달라고 하셨다. 너무 두렵고 슬퍼서 어찌할 바를 몰라 하는 내가 운전하지 못하게 하고 남편이 운전해서 오라고 당부하셨다고 남편이 전해 주었다.

사실 엄마는 그날 하늘나라에 가셨다고 해도 이상하지 않으리만큼 상태가 나쁘셨다. 긴급한 수술을 마치고 수술실에서 나온 엄마는 그 이전의 모습이 아니셨다.

뇌출혈이 얼마나 무섭고 사람의 운명을 송두리째 바꾸는지 알기까지 몇 시간도 걸리지 않았지만, 병원에 갈 때까지만 해도 마음 한편에 이런 생각이 있었다.

'그래도 수술이 잘되면 회복되실 수 있을 거야.'

배우자 혼자만 동의해서는 받을 수 없고 성인 자녀들이 있는 경우에는 반드시 자녀들의 동의도 있어야 수술이 가능하다는 병원의 시스템이 이해되지 않았다. 병원에서 수술해서 사람을 살리고 치료해 주는 것이 당연한데 뭘 묻고 따지는 건지 이해할 수 없었다. 우리는 아무런 지식도, 정보도,

어깨너머로 보거나 들은 것도 전혀 없었다. 그날의 그 수술 동의가 이후에 엄마가 어떻게 살아가는 것을 의미할지에 대해서 나는 전혀 알지 못했다. 몰랐기 때문에, 길 가던 엄마가 넘어져 코피 날 때 휴지를 찾아서 드리는 어린 딸처럼 그렇게 당연히 수술을 요청했던 것이다.

사람이 살면서 항상 좋은 날만 있는 것이 아니다. 성경에서 말하는 것처럼 우리 인생에는 기쁜 날, 곤고한 날이 혼재한다.

> 형통한 날에는 기뻐하고 곤고한 날에는 되돌아보아라 이 두 가지를 하나님이 병행하게 하사 사람이 그의 장래 일을 능히 헤아려 알지 못하게 하셨느니라(전 7:14).

그런데 평온한 일상을 보낼 때는 곤고한 날을 생각하지 않는다. 아니, 생각하는 것을 피하고 싶어 한다.

혹시라도 생각하는 그 어려움이 실제로 닥칠까 봐서 생각 자체를 피하는 것일까?

그보다는 오늘이라는 시간을 살아 내기만도 바쁘고 때로는 벅차서가 아닐까?

나는 쓸데없는 두려움이나 염려는 잘못된 것이지만, 위급한 상황에 놓여 회복 가능성이 없는 위기가 닥친다면 가족이 어떤 결정을 내리면 좋을지 미리 자기 의사를 밝혀 두는 것은 의미가 있다고 본다.

물론, 이것은 믿음의 사람들에게 해당하는 말이다. 믿음의 사람들은 예수 그리스도를 삶의 주인으로 인정하는 사람들이다. 내 죄를 대신하여 십자가에 매달려 죽으신 예수님으로 인해 죄를 용서받고 하나님의 자녀가 된 사람들이다. 믿는 우리는 그 언젠가 닥칠 줄 알았던 죽음의 날이 비록 오늘이라 해도 천국 본향에 입성할 수 있다. 그러니 굳이 연명 치료를 받으며 고통의 삶을 이어 가는 것은 최선이 아닐 수도 있다는 생각이 든다.

그러나 만약 그 고난에 처한 사람이 부모님이건 다른 식구이건 혹은 자기 자신이라 해도, 아직 천국에 입성할 믿음이 준비되지 않았다면 또 다르게 생각해 봐야 한다. 그런 경우에는 고통 속에 생을 이어 가며 연명하는 것이 무조건 잔인하다고 볼 수만은 없다. 천국에 입성할 준비가 안 된 사람이 그 연명의 시간을 통해 예수님을 마음으로 영접하고, 진정 하나님의 자녀로서 거듭나며, 인생의 소망이 오직 예수님뿐임을 알 수도 있기 때문이다.

고난 속에서 비록 육신은 고되고 괴로움에 한숨짓는 고통이 수반된다 해도, 그 영혼은 오히려 십자가의 은혜로 무장되어 천국에 당당히 입성할 하나님의 백성으로 거듭나지 말란 법이 없지 않은가?

교회 다니면서 하나님을 믿으면 복 받고, 일이 잘 풀리며, 만사형통인가?

물론, 하나님은 부귀도 주시고 모든 것을 주관하시는 창조주이시다. 그분은 무소부재(안 계시는 곳이 없음)의 하나님이시고 무소불위(하지 못하는 일이 없음)의 창조주이기에 높이고자 하는 자를 높이시고 쓰고자 하는 자를 들어 쓰신다.

그러나 복 받고 형통한 것은 삶의 한 과정이고 단편일 수 있다. 그것이 복음의 핵심은 아니다. 복음의 은혜 안에 하나님이 허락하시는 부분일 뿐, 예수님을 믿는 신앙의 본질은 아니다.

만일 형통한 삶이 신앙이 본질이라면 기독교인은 다 건강하고 일이 잘 풀려야 한다. 그러나 실제로는 그렇지 않은 경우도 많다. 하나님을 믿든 믿지 않든 인생에는 어려움이 닥치지만, 오히려 열심히 믿는 사람이 더 힘겹고 감당하기 어려운 눈물 나는 시간을 보내는 경우가 많다.

우리 인생에 놓인 아픔, 고됨, 실패, 때로는 절망 이 모든 것이 다 나쁘고 의미 없는 것일까?

물론, 나도 그런 것들을 피하고 싶다. 이 글을 쓰는 지금 이 시각에도 할 수만 있다면 그런 아픈 시간은 쏙 빼놓고 인생을 살아가고 싶은 것이 나의 바람이다. 문제는 인생이 내 마음대로만은 되지 않는다는 것이다.

누가 고난을 자초하고 싶겠는가?

건강하고 능력이 있는 부모님, 건강하고 착한 자녀들, 속 안 썩이고 내 마음을 다 알아서 배려하는 배우자, 좋은 직장, 부유하거나 최소한 노후가 걱정되지 않을 정도의 물질 … 누가 이런 것을 마다하랴?

그러나 우리 모두는 안다. 인생이 그렇게 호락호락하고 만만하지는 않음을. 모두가 수면 위의 우아한 백조같이 보여도 한 껍질 한 껍질 벗겨 내고 진심 어린 속내를 나누다 보면, 정말 너무 애쓰고 있다고 안아 주고 싶은 사연을 가슴마다 지니고 있음을 알게 된다. 나 역시 그렇다. 우리 안에는 많은 이야기가 있다. 모두에게 나눌 수 있는 이야기는 물론, 피를 나눈 형제에게만 나눌 수 있는 것, 배우자에게만 나눌 수 있는 것, 절친한 친구에게만 나눌 수 있는 것 그리고 하나님께만 눈물로 올려 드릴 수 있는 사연이 있다.

> 우리의 연수가 칠십이요 강건하면 팔십이라도 그 연수의 자랑은 수고와 슬픔뿐이요 신속히 가니 우리가 날아가나이다(시 90:10).

이렇게 수고하고 애쓰는 인생의 여정 속에서 결국 하나님만이 인생의 소망이시고 우리가 그분으로부터 이 세상에 왔다가 그분께로 돌아간다는 지극히 분명하고 단순한 사실을 깨닫는다는 것은 감사한 일이다. 만일 지금 누군가가 그런 믿음이 준비되어 있지 않은 상태에서 연명 치료의 갈림길에 놓인다면, 아직은 세상을 떠날 시기가 아니라고 본다. 비록 죽는 것이 사는 것보다 낫다고 말한 욥의 고백을 하루에도 수백 번 마음으로 외친다 해도, 그렇게 이 땅을 떠나서 영원한 지옥 형벌에 들어간다면 그것이야말로 돌이킬 수 없는 인생의 실패요, 영원히 벗어날 수 없는 사망이기 때문이다.

그렇기에 복음으로 준비된 믿음이 없는 사람이 함부로 연명 치료를 포기하는 것은 천국에 입성할 믿음을 준비하는 시간을 포기하는 것이니, 쉽게 결정할 사항은 아니라고 본다.

물론, 내 생각에 동의하지 않는 사람이 많을 것 같다. 그렇지만 나는 많은 이를 설득하거나 박수받고자 이 책을 쓰는 것이 아니다. 내가 믿는 하나님, 고난 속에서도 함께하신 하나님, 무엇보다 그 아들 예수님을 나와 우리의 죄를 대신해서 십자가의 산 제물로 내주신 하나님 앞에 부끄럽지 않고 그분이 베푸신 큰 사랑을 나누고 싶기에 쓴다.

> 자기 아들을 아끼지 아니하시고 우리 모든 사람을 위하여 내주신 이가 어찌 그 아들과 함께 모든 것을 우리에게 주시지 아니하겠느냐 (롬 8:32).

그리고 오랜 시간 고난 속에서 투병하시던 엄마를 떠나보낸 후, 그동안 하나님이 행하신 놀라운 기적과 은혜를 내 기억이 희미해지기 전에 기록으로 남기고 싶다는 소박하고 절실한 마음으로 이 글을 쓰고 있다.

나 같은 평범한 사람의 기록이 노래가 되고 향기가 되어 누군가의 가슴을 위로하고 생의 따뜻함을 전해 줄 수 있다면, 그래서 고난 속의 누군가에게 이 글이 마주 잡은 손처럼 그렇게 힘을 줄 수 있다면, 그런 위로를 받은 독자가 한 명이라도 있다면 나의 수고는 의미 있다고 본다. 사실 "힘내"라는 말은 나 자신에게 해 주고 싶은 말이기도 하다. 이 글을 통해 나도 위로받는 한 명의 독자가 될 수 있을 것 같다.

🍁 널뛰기하는 산소포화도

M 요양병원으로 가는 20분 동안, 지난 시간이 주마등처럼 스쳐 지나갔다. 나는 9년 전 충남대학교병원에서 엄마를 살려 주신 하나님이 지금도 동일하게 엄마를 붙들고 계심을 신뢰하면서 병실로 향했다.

오전 9시 전에 큰동생이 오면서 우리 세 자매가 다 모였다. 엄마는 아침에 산소포화도가 너무 떨어져서 산소호흡기가 부착된 중환자실(대학병원의 중환자실 수준은 아니지만 위기에 대처하기에 가장 좋은 간호사실 바로 옆방)로 옮겨지셨고, 머리맡에는 바이털(vital) 사인 측정기가 있었다. 드라마 속에서나 보던 그 측정기는 실시간으로 심박수, 산소포화도, 혈압 수치 등이 표시되는 기계였다. 불과 잇ㅡ세만 해도 평온한 표정으로 우리에게 놀라운 행복을 안겨 주셨던 엄마가 급작스럽게 상태가 바뀌어 중환자실에 누워 계셨다.

우리가 도착하고 나서 엄마의 산소포화도는 눈에 띄게 상승하였다. 간병인과 간호사들이 놀라워하고 기뻐하며 연신 말했다.

"딸들이 오니까 어머니가 힘을 내시나 봐요."

우리는 어제까지만 해도 엄마의 수치가 그다지 나쁜 것은 아니었기에 이제 다행이라는 안도감을 느끼는 정도였는데, 우리가 오기 전 병원에서는 정말 마지막 상황까지 마음의 준비를 했던 모양이었다.

간호사들이 설명해 주었다.

"아침에 산소포화도가 40까지 내려갔었어요. 심각한 산소 부족 상태로 정말 위급한 상황이었어요. 건강한 사람의 정상 범위는 95이상이거든요."

우리는 비로소 정말 위급한 상황이었음을 알게 되었다. 오전에는 산소포화도가 95를 찍기도 했는데, 그때 우리는 탄성을 질렀다.

"할렐루야!"

그러나 그 수치는 얼마 지나지 않아서 다시 내려가기 시작했다. "하루에 천당과 지옥을 오간다"라는 표현이 있는데, 딱 이 경우를 두고 한 말 같다. 엄마의 산소포화도가 마치 널뛰기하는 것 같았다. 올라갔다 내려갔다를 반복했다. 수치가 내려갈 때마다 내 눈에선 눈물이 비 오듯 흘렀다. 가슴 깊은 곳에서 흘러나오는 주체할 수 없는 눈물이. 널뛰기하는 바이털 수치를 보고 있는 일은 정말 피를 말렸다. 막냇동생이 애절하게 사정했다.

"엄마를 집에 모셔 가고 싶어. 찬송도 크게 불러 드리고 싶고. 제발 그렇게 하자. 산소통이 있는 구급차를 이용해서 집으로 모시고 가자."

막내의 간절함이 절절히 느껴졌다. 그렇지만 큰동생은 엄마를 모시고 이동하다가 도중에 큰일이 날 수도 있다고 판단했다. 막냇동생의 애절한 부탁과 큰동생의 이성적인 판단 사이에서 나도 갈등했지만, 아무래도 이런 상태에서 이동하시는 것은 무리라고 생각했다.

오후 3시 무렵에는 산소포화도가 95 수준을 유지했다. 우리는 그 수치를 "기적의 95"라고 불렀다. 나는 엄마의 좁은 병상에 올라가서 엄마 곁에 모로 누워서 엄마를 안아 드렸다. 혼자서 얼마나 힘들고 외로우실까 하는 생각이 들었기 때문이다. 엄마의 산소마스크로 산소가 새어 나오면 나도 그 산소를 들이마셨다.

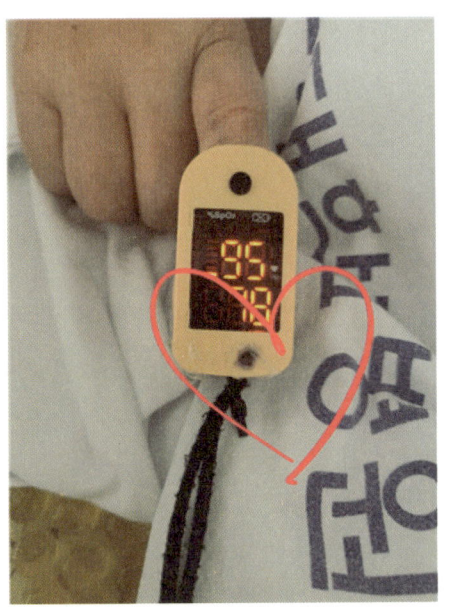

오후 3시 무렵에는 산소포화도기 95 수준을 유지했다.
우리는 그 수치를 "기적의 95"라고 불렀다.
나는 엄마의 좁은 병상에 올라가서
엄마 곁에 모로 누워서 엄마를 안아 드렸다.
혼자서 얼마나 힘들고 외로우실까
하는 생각이 들었기 때문이다.

잠시 그렇게 엄마를 안고 선잠이 들었는데 간호사가 와서 깼다. 막냇동생은 내가 엄마를 안고 잠든 모습을 보고 마음이 뭉클했다고 한다. 나는 엄마를 진작 더 많이 안아 드릴걸 그랬다고 후회했다.

엄마가 건강하셨을 때, 가끔 엄마의 두 발을 씻겨 드리고 싶은 마음이 들곤 했다. 평생 가족을 위해 헌신하신 엄마의 소중한 발을 씻겨 드리고 싶었지만 쑥스러워서 하지 못했다. 단 한 번도 실천하지 못했다. 엄마가 쓰러지신 후에 간병할 때마다 몸을 자주 닦아 드렸다. 그럴 때마다 밀려오는 생각이 있었다.

'건강하실 때 진작 대야에 따뜻한 물을 받아서 엄마는 거실 소파에 앉으시고 나는 그 앞에 앉아 허리 숙여 발을 닦아 드렸다면 좋았을 텐데.'

때늦은 아쉬움과 후회가 컸다. 엄마를 간병할 때가 되어서야 몸을 씻겨 드리는 것이 죄송스럽고 너무 안타까웠다. 내게 그런 기회가 이제 오지 않음을 알지만 그때는 몰랐다. 그런 시간이 다시 안 올 것을.

🍁 임종의 수순을 밟고 계시는 것 같습니다

주치의가 우리를 불러 엄마의 폐 엑스레이 사진을 보여 주며 설명했다.

"일주일 전 사진과 비교하면 더 안 좋아지셨습니다. 저희 병원에서 할 수 있는 처방은 이미 다 했습니다."

내 눈에는 일주일 전과 비교했을 때 그저 폐 안쪽이 좀 더 희뿌옇게 보였을 뿐인데. 전문가인 의사는 차분하면서도 건조한 말투로 말을 이었다(지금 생각하면 그분은 자기 위치에서 성실하게 임무를 수행하시는 중이었다).

"많이 안 좋아지셨습니다. 임종의 수순을 밟고 계시는 것 같습니다."

그날 나는 일기에 이렇게 적었다.

의사의 입에서 '임종'이라는 단어를 들었다. 내 두 귀로.
언젠가 이날이 다가올 줄은 알았다. 그러나 지금일 줄은 몰랐다. 임종을 준비하는 예배도 안 드렸는데, 그리고 난 엄마께 "천국에서 만나요"라는 말씀을 드릴 마음의 준비가 아직 안 되었는데.
천국에 대한 소망은 투병 중인 엄마께 그동안 수없이 말씀드렸고, 천국 본향과 부활에 대한 성경 말씀을 찾아 수시로 들려 드리며 강조했다. 천국이 두려움이 아닌 소망의 장소임을 말씀으로, 노래로, 메시지로 셀 수 없이 전해 드렸지만, 정말 사력을 다해서 전했다 해도 과언이 아니지만, "천국에서 만나요"라는 최후의 말씀은 아직 드릴 준비가 안 되었는데 의사는 엄마가 그 수순을 밟고 계신다 한다.
그러나 나는 지금 이 순간에도 하나님이 엄마를 나사로처럼 회복시켜 주실 수 있음을 믿는다. 마지막 숨을 거두시는 순간까지 하나님의 일하심을 난 한정 지을 수 없다.
꼭 이 땅이 좋아서, 우리 곁에 살아 계신 것이 최선이라 여겨서 그러는 것은 아니다. 사실 눈물 많고 고통 많은 이 세상보다 하나님 품에 안기시는 것이 엄마께는 최선의 은혜일 수 있다.
그러나 엄마가 회복되셔서 따뜻한 손을 잡고 우리 자매가 사는 아파트 예쁜 정원을 함께 거닐 수만 있다면, 이 또한 얼마나 은혜일까?
어차피 가실 천국인데 조금만 더 우리 곁에 건강하게 함께하신다면 우리의 기도에 응답하신 주님께 감사하면서 얼마나 감격할까?

무엇보다 하나님의 선하신 뜻 가운데 이끄실 방향은 주님만이 아시기에 난 마지막 순간까지 이 소망 또한 포기할 수 없다. 철저히 하나님의 주권이니까.

난 기도한다. 엄마의 자녀인 우리에게 좋은 것이 아닌 엄마께 최선의, 최상의, 최고의 결과로 인도해 주시라고.

이렇게 비참하게 연명하시는 것보다 주님 품에 안기시는 것이 엄마께는 진정한 쉼이고 은혜이리라.

그러나 주님은 하실 수 있으니, 엄마가 회복된 몸으로 우리 곁에서 더 사신다면 이 얼마나 이 시대의 나사로서 주님께 영광이요 우리에게 은혜런가? 만약 회복이 아닌, 이대로의 연명이라면 난 더 이상 엄마를 붙들고 싶지 않다. 엄마는 이미 충분히, 사실은 지나치시리만큼 고통을 견디시며 우리 곁에 있어 주셨다. 고맙고도 가련하시다.

하나님을 신뢰하자!

이럴 때일수록 주님의 일하심을 신뢰하자!

나보다, 우리보다 엄마를 더 사랑하시고, 엄마를 지으시고 이 땅에 보내실 때부터 늘 동행하신 하나님 아버지께서 분명히 엄마를 위해 가장 아름답고도 최선인 시간을 예비하셨을 것이다.

난 그리 믿는다. 지금까지 그래 왔고, 앞으로도 영원무궁히 ….

주께서 내 내장을 지으시며 나의 모태에서 나를 만드셨나이다 (시 139:13).

✸ 하나님의 절대주권

　엄마가 계시던 요양병원 중환자실은 좁은 6인실이었다. 엄마의 병상은 가운데 자리여서 우리가 운신하기 불편했다. 옆 병상 분들에게 눈치가 보이기도 했다.
　그런데 그 병실의 간병인들 사이에서 싸움이 났다. 창가 쪽 환자의 간병인이 갑자기 다른 환자의 간병인을 향해 막 욕을 하고 고성을 질렀다. 결국, 병원의 조치로 그 간병인과 환자가 다른 방으로 강제 이동하게 됐다. 엄마 좌측의 환자가 그 대신 창가 자리로 이동하면서 엄마 옆자리가 빈 덕분에 공간이 넓어졌다. 2인용의 공간을 활용할 수 있어서, 우리 자매는 두 명이든 세 명이든 같이 더 편하게 있을 수 있었다. 우리 모두 마음속으로 주님을 찬양했다.
　'할렐루야!'
　그전까지는 너무 좁아서 우리는 서 있거나 교대로 한 명씩 겨우 앉았다. 게다가 엄마는 고개를 주로 좌측으로 돌리고 계셨기에 엄마를 또렷이 보려면 우리가 옆 환자의 병상과 분리한 커튼 사이로 비집고 들어가서 조심스레 눈치를 보면서 서 있었다. 다행히 공간을 넓게 쓰게 되니 엄마를 잘 볼 수 있었고 우리가 앉을 자리도 있고 서로 소통하기가 수월해졌다. 이런 부분까지 세밀하게 인도하시는 주님의 은혜에 감사했다.
　그러나 하루 종일 엄마의 산소포화도가 널뛰기하듯 오르락내리락했기 때문에 마음이 조마조마했다. 나는 이모, 외숙모, 담임목사님께 문자로 상황을 알려 드렸다. 엄마는 안정된 수치를 유지할 때도 있었지만 마음을 놓을 수 없었다.

오후 5시경, 왠지 나는 엄마와의 그 소중한 시간을 영상으로 남겨야겠다는 마음이 들어서 엄마와 함께하는 나의 모습을 셀프 카메라 기능으로 찍었다. 상황이 심상치 않음을 내 영혼은 알았던 것 같다. 엄마의 산소포화도가 하도 널뛰기하니까 하염없이 눈물이 흘렀다. 여느 때와 달리 농도가 훨씬 짙은, 가슴속 깊이 자리하던 무엇인가가 울컥울컥 계속 올라오고 있었다.

'지금이 너무 중요한 시각이구나. 존재하는 순간순간이 너무 소중하고 의미 있고 돌이킬 수 없는 중요한 시간의 점들이구나.'

나는 그때가 정말 소중한 시간임을 직감했다. 그래서 부랴부랴 엄마와의 시간을 영상으로 남겼다. 울다 울다 눈이 붓고 목이 잠겼지만, 목소리를 가다듬고 최대한 부드럽고 안정된 목소리로 엄마를 부르면서 촬영했다. 엄마는 그때 나를 계속 응시하고 계셨다.

우리 세 자매는 9년 동안 숱한 엄마의 모습을 사진 찍고, 동영상으로 촬영해 두었다. 대개 보호자 한 명씩만 면회할 수 있었기 때문에 셀카를 찍을 때가 많았다. 엄마는 누워 계시고 우리는 앉은 자세에서 구도를 잡기가 쉽지는 않았다. 그래도 우리는 엄마와 사진을 찍었고, 누가 찍었든지 습관적으로 사진을 다른 자매들에게 보내며 그 시간을 공유하곤 했다.

그날 영상을 촬영하는 동안 엄마는 눈을 또렷이 뜨시고 나를 보고 계셨다. 그것만으로도 엄마께 감사했다.

문득 그날 아침에 한 묵상이 떠올랐다. 「매일성경」에 실린 열왕기상 12장을 통해, 모든 상황이 우연히 일어나는 것이 아니라 여호와로 말미암는다는 것을 묵상했었다.

> 왕이 이같이 백성의 말을 듣지 아니하였으니 이 일은 여호와께로 말미암아 난 것이라 여호와께서 전에 실로 사람 아히야로 느밧의 아들 여로보암에게 하신 말씀을 이루게 하심이더라 (왕상 12:15).

성경에는 르호보암이 연륜이 긴 노인들의 조언을 버리고 어린 자들의 말을 따른 일이 여호와로 말미암아 일어났다고 쓰였다. 난 모든 것이 하나님으로부터 말미암는다는 부분에서 위로와 힘을 얻었다. 슬픔, 힘겨움, 생사화복 이 모든 것이 하나님으로부터 말미암는다는 것을 안다면, 그분의 주권을 신뢰한다면 슬프기는 해도 두렵지는 않을 것 같았다.

슬픔과 실패를 포함한 모든 과정이 하나님으로 말미암은 상황임을 인정하고 하나님을 믿고 의지한다. 우리를 이 땅에 보내시고 천국 본향으로 이끄시는 하나님의 절대주권을 신뢰한다.

❀ 나의 유일한 효도

엄마의 산소포화도가 하루 종일 널뛰기하면서 수치가 떨어질 때마다 나는 눈물을 비 오듯 흘렸다. 그때의 마음을 형용하지 못하겠다.

그렇지만 난 그때마다 내 입을 엄마 귀에 대고 전에 암송했던 성경 말씀을 연신 들려 드리고 찬송을 불러 드렸다. 특히, 시편 23편과 91편을 열심히 들려 드린 기억이 난다.

여호와는 나의 목자시니 내게 부족함이 없으리로다 그가 나를 푸른 풀밭에 누이시며 쉴 만한 물가로 인도하시는도다 내 영혼을 소생시키시고 자기 이름을 위하여 의의 길로 인도하시는도다 내가 사망의 음침한 골짜기로 다닐지라도 해를 두려워하지 않을 것은 주께서 나와 함께하심이라 주의 지팡이와 막대기가 나를 안위하시나이다 주께서 내 원수의 목전에서 내게 상을 차려 주시고 기름을 내 머리에 부으셨으니 내 잔이 넘치나이다 내 평생에 선하심과 인자하심이 반드시 나를 따르리니 내가 여호와의 집에 영원히 살리로다(시 23:1-6).

지존자의 은밀한 곳에 거주하며 전능자의 그늘 아래에 사는 자여, 나는 여호와를 향하여 말하기를 그는 나의 피난처요 나의 요새요 내가 의뢰하는 하나님이라 하리니 이는 그가 너를 새 사냥꾼의 올무에서와 심한 전염병에서 건지실 것임이로다 그가 너를 그의 깃으로 덮으시리니 네가 그의 날개 아래에 피하리로다(시 91:1-4).

성경 말씀은 총알과도 같다. 두려움과 위기를 이겨 내게 하는 생명의 말씀이다. 사람이 절박한 순간에는 하나님을 신뢰하는 만큼 견뎌 내는 것 같다. 그런 의미에서 당장 성경을 펼치고 찾지 않더라도, 두려운 상황이 툭 오면 실시간으로 암송했던 말씀이 탁 튀어나와야 한다. 내게는 두 시편이 그러했다.

엄마께 시편과 찬송가를 들려 드렸다. 하나님의 임재에 관한 찬양도 자주 들려 드렸다. 다른 것은 할 수도 없었고 의미도 없었다. 그때의 엄마께 무슨 위로가, 무슨 다른 선물이 필요했으랴. 그저 영원까지 함께하시는 주님, 이 땅에서 동행하시고 이 땅 떠날 때는 엄마 손을 붙잡고 저 천국에 입성하게 하시는 주님을 전해 드리는 것, 그것이 내가 할 수 있는 최선이고 유일한 효도였다. 엄마를 위해서 그렇게 해 드렸지만 나를 위해서도 그 방법밖에 없었다. 나 역시 말씀과 찬양으로 주님을 의지하지 않고는 그 시간을 견뎌 낼 수 없었다.

나는 말씀을 암송하고 찬송을 부르면서 한 손으로는 엄마의 손을 잡아 드리고, 다른 한 손으로는 경직이 심해진 엄마의 종아리와 발바닥을 주물러 드렸다. 엄마는 너무 힘겨워하고 계셨다. 간호사가 수액을 놓다 말고, 링거 바늘을 혈관이 이겨 내지 못하고 다 터진다고 했다. 수액을 놓을 수가 없다고 했다.

수액의 바늘마저 혈관이 밀어내는 상황에서 우리가 할 수 있는 최선은 그저 순간순간 주님을 신뢰하고 모든 상황을 그분께 맡기는 것, 어떻게 인도하시든지 그분의 시간표에 맞춰 선하게 일하시는 하나님을 신뢰하고 또 신뢰하는 것이었다. 나는 시편 91편 말씀처럼 주님이 그분의 날개로 엄마를 덮으시고 그 날개 아래 피하게 해 주실 것을 믿으며, 이 위기를 넘어가게 하시되 엄마에게 최선과 최상과 최고의 길로 인도하시기를 기도했다.

✤ 날개 아래로 파고드는 딸

그날 서녁에 막냇동생과 내가 엄마 곁에 있는데 담당 간호사가 와서 주의를 주었다.

"다른 환자들도 있으니 보호자는 한 분만 계셔야 해요."

병원의 원칙상 6인실 중환자실에는 보호자 여섯 명만 있어야 했다. 그런데 우리 엄마 곁에는 간병인에 두 딸까지 있었으니 그리 말했던 것이다.

엄마의 생명이 경각에 달린 때였지만, 병원의 입장을 이해했다. 우리 자매는 번갈아 가며 있기로 했고, 간병인에게는 엄마가 원래 계시던 일반 병실의 빈 침대에서 쉬시라고 했다.

보호자가 한 명만 남아 있어야 하고, 나는 수요예배에서 성경 봉독을 맡고 있었기에 동생에게 이렇게 권면하고 교회로 나섰다.

"엄마께 시편 91편을 암송해 드리고 있었거든. 너도 암송해 드려. 불안해하거나 당황하지 말고, 모든 것을 주관하시는 하나님을 붙들어. 주님이 엄마를 가장 좋은 길로 인도하신다는 믿음을 사용하자."

동생이 말했다.

"응, 알았어. 언니, 예배 마치고 다시 병실로 오지 말고 집에 가서 쉬어."

수요예배에 가자 전도사님이 어떻게 왔느냐고 놀라셨다. 엄마가 너무 힘든 상황이니까 내가 못 올 줄 아셨나 보다. 나는 동생과 교대할 수 있는 상황이었고, 힘든 때야말로 예배에 힘쓰고 기도할 때라고 믿었기에 교회로 향했던 것이다. 그냥 평소 하던 대로, 가장 두려운 위기의 순간에 하나님의 날개 아래로 파고들었다.

수요예배를 드리고 기도회 시간에 엄마를 위해 부르짖으며 간절히 기도했다. 교회를 나서면서 시계를 보니 밤 11시가 다 되어 있었다. 그동안 막냇동생이 휴대폰으로 보내 놓은 메시지와 사진을 보니, 엄마의 산소포화도가 하향하고 있었다. 내가 다시 병원으로 들어가야겠다는 생각이 들었다. 동생에게 말했더니, 조금 전만 해도 언니는 오지 않아도 된다고, 오지 말라고 하던 동생이 이렇게 응수했다.

"그럴래?"

나는 그 말이 오라는 뜻임을 알아차렸다. 아마 막냇동생은 그 상황을 혼자 감당하기가 매우 힘들었던 것 같다. 우리는 항상 같이해 왔고, 그 밤에도 함께 있어야 했다. 나는 무슨 수를 써서라도 엄마 곁에 있어야겠다고 마음먹었다.

그날 나는 중환자실의 엄마 곁에서 밤을 지샜다. 막냇동생과 간병인은 빈 병실에 가서 편히 자게 했다. 그때 내 영혼은 이 사실을 알았다.

'지금은 내가 엄마 곁에 있어야 한다.

지금은 … 지금은!'

제5부

소풍을 마치고

🌼 엄마의 간절한 눈빛

2023년 10월 4일 수요일 밤, 나는 동생을 쉬게 하고 엄마 곁에 앉았다. 엄마 손을 꼭 잡아 드렸다. 엄마는 나를 응시하셨다. 계속 보셨다. 그 눈빛이 너무 간절해서 무엇인가를 말씀하고 싶은 듯했다. 어떤 메시지가 있는 것 같은 눈빛이었다. 마치 중요한 어떤 일을 앞두고 당부하시려는 것 같았다.

엄마와 나는 만으로 8년, 정확히는 2,910일을 대화해 왔다. 사실 일방적으로 내가 말씀드린 것이지만, 혼자 말한다고 느낀 적은 한 번도 없었다. 엄마는 다 들으셨고, 실제로 어떤 식으로든 응답하거나 반응하셨다. 우리는 그렇게 영혼의 대화, 마음의 대화, 눈빛의 대화에 익숙해져 있었다.

그 밤에 엄마는 내 손을 꼭 잡고 나를 뚫어져라 보셨다. 투병하신 이래 그토록 또렷한 눈매로 많은 마음을 담아 바라보신 적이 없었다. 산소포화도는 여전히 불안정했다. 엄마는 정말 힘겹게 호흡하셨다. 산소마스크를 하고 계심에도 포화도가 점점 떨어졌다.

엄마는 마치 힘겹게 노를 저으시듯, 내가 잡아 드린 왼손을 앞으로 내밀었다가 다시 가슴 쪽으로 당기셨고, 다시 내밀었다가 당겼다를 반복하셨다.

얼마나 숨 쉬기가 힘들면 사지 마비의 몸으로 움직이지 못하시던 왼팔을, 손가락이 아닌 팔 전체를 힘주어 배의 노를 젓듯이 움직이며 숨을 몰아쉬셨을까!

그런 모습을 처음 보았기에 내 입에서 외마디 부르짖음이 저절로 나왔다.
"주여!"

엄마가 내미시던 팔의 힘을 아직도 내 손은 기억한다. 정말 강한 힘으로 내뻗으셨다. 정말 온 힘을 다해 쥐어짜듯이, 호흡하고자 몸부림치며 팔을 내미셨다. 그리고 온 힘을 다해 팔을 당기셨다. 숨 쉬는 순간순간 그렇게 사력을 다하셨다. 나는 그 사력의 시간에 그렇게 엄마와 함께하고 있었다. 내가 엄마 곁을 지키기를 참 잘했다는 생각이 들었지만, 사투를 벌이는 엄마를 보자니 마음이 너무 아팠다.

엄마의 그 간절한 눈빛이 어떤 의미인지는 정확히 알 수 없었다. 살려 달라는 뜻인지, 이제 그만 놓아 달라는 뜻인지. 뭔가 간절하고 애원하는 듯한 눈빛 같기도 했고, 나를 정말 많이 사랑한다고 말씀하시는 것 같기도 했다.

나의 상상력을 동원하여 그 밤으로 돌아가서 엄마가 되어 그 마음을 적어 보고 싶다. 이 표현이 얼마나 적중률이 있는지는 나중에 천국에서 엄마를 만나면 확인해 주실 것 같다.

정현아, 큰딸아, 사랑하는 내 딸아.

엄마가 너무 힘들구나. 숨을 쉬고 싶어. 그런데 숨이 잘 안 쉬어진다. 정말 힘들구나. 내가 몸은 못 움직여도 숨은 잘 쉬었는데. 너무 힘들다. 괴롭구나. 엄마가 최선을 다해 너희 곁에 있어 주었는데, 이제는 쉬고 싶구나. 나를 이제 보내다오. 나는 주님께로 가고 싶구나.

엄마가 너를, 동생들을, 너희를 정말 사랑했단다. 나의 온몸과 마음을 다해, 나의 영혼을 다해.

이제 나는 하나님께로 갈 시간이 얼마 안 남은 것 같구나.

나의 딸 정현아, 너를 많이 사랑했단다. 동생들에게도 전해다오.

윤정아, 윤미야, 엄마가 너희를 많이 사랑한다. 언니와 함께, 자매가 다 같이 서로 사랑해라. 엄마가 너희에게 보여 준 사랑으로 이 세상 사는 날 동안 뜨겁게 사랑하고 잘 지내거라.

엄마는 이제 하나님께로 가고 싶구나. 나는 더 이상 버틸 힘이 없단다. 너무 힘들다. 너희 곁에 오래오래 있어 주고 싶었는데, 이젠 쉬고 싶구나. 난 하나님께서 불러 주시기를 정말 바랐는데 너희를 두고 갈 수 없어서, 너희가 온 힘을 다한 것처럼 나도 내 온 힘을 다해 너희 곁에 있어 주었단다.

지금, 나의 온 힘을 다해 온 세포의 힘을 쥐어짜듯 숨을 쉬려 하는데 숨이 잘 안 쉬어지는구나. 너무 힘들어.

사랑하는 딸아, 나 좀 도와다오. 엄마가 너무 힘들다. 괴롭다. 이젠 쉬고 싶구나. 이제 이만하면 너희 곁에 오래 머문 것 같구나. 더 이상 할 수 없을 만큼 너희와 있었으니 이젠 편히 가게 해 주렴. 이제 나의 바람은 주님께 가고 싶은 것 한 가지란다. 더 이상 감당할 수가 없구나.

사랑하는 딸아 …!

엄마는 너무나도 간절히, 절박하게, 힘겹게 눈으로 말씀하고 계셨다. 나를 계속 뚫어져라 쳐다보시면서 눈을 깜빡이지도 않으셨다. 얼마 지나지 않아서 문 열고 들어갈 그 어딘가를 향하시기 전에, 앞으로 더 바라볼 수 없음을 알고 당신의 온 힘을 다해 나를 바라보시는 것 같았다. 아니, 내게 보여 주시는 것 같았다. 엄마의 눈을 통해 엄마의 마음을, 그 사랑을. 엄마는 고통 속에서도 윤정, 윤미 두 동생에게도 엄마의 그 사랑을 나눠 주라고 더 오래오래 나를 응시하셨던 것만 같다.

❀ 산소포화도 68

엄마가 숨을 쉬기 위해 사투를 벌이시던 그 밤에 엄마의 산소포화도는 68이었다. 70 이하면 숨을 쉬기 힘들다고 들었기 때문에, 나는 수치 측정기와 엄마 얼굴을 보는 내내 가슴이 조마조마했다. 사실 나는 어찌할 바를 몰라서 그저 엄마의 손을 힘껏 잡아 드리고, 엄마가 숨을 내쉴 때 같이 내쉬고 들이마실 때 같이 들이마신 것 같다. 그때 내가 어떻게 행동했는지는 잘 기억나지 않는다.

그냥 우리는 서로를 그렇게 뚫어지게 바라보았고, 난 엄마가 가엾어서 견딜 수가 없었다. 아마 그때 내 영혼은 이렇게 고백하지 않았을까 싶다.

'주님, 이제는 엄마를 안식하게 하소서.'

엄마가 호흡하기 위해 안간힘을 쓰고 고통스러워하시는 모습을 지켜보는 것은 너무나 가슴이 아팠고, 그 절박함으로 새벽 3시경에 중보기도를 요청하는 문자를 열 명 남짓에게 보냈다. 늦은 밤에 실례를 끼치는 줄은 알았지만 그래도 이해해 주실 분들께 보냈다. 마치 산고를 겪는 여인처럼 힘겨워하며 호흡과 사투하고 계신 엄마 앞에서 내 체면을 생각하고 조심스럽게 행동할 수 없었다. 그만큼 너무 절박했다.

> 염치없지만 기도해 주시시라 믿고 올립니다.
> 저희 엄마 강병희 집사님께서 지금 폐렴으로 호흡이 힘겨우십니다.
> 산소를 최대치로 사용하고 있는데도, 산소포화도가 위험 수준입니다.
> 숨을 편하게 쉬실 수 있도록 손 모아 기도해 주시면 너무너무 고맙겠습니다.
> 하늘보다 높고 바다만큼 넓은 어머니의 사랑과 헌신으로 인생을 살아왔는데도 해 드릴 수 있는 것이, 병상에서 손잡아 드리는 것뿐입니다.
> 주님께서 어머니에게 기적을 베풀어 주셔서 폐렴이 나으시고 함께 우리 교회에서 예배드리게 되기를 기도 부탁드립니다.
> 그러나 주님 뜻이 다른 곳에 있으시다면 … 어머니가 영안이 열리어 천국의 소망으로 평안하실 수 있도록 기도해 주세요.
> 늦은 밤 문자 드려서 죄송합니다.

나는 엄마 손을 꼭 잡고 엄마가 호흡과 사투하는 그 시간을 함께했다. 나의 손이 그 순간 엄마가 붙드시는 손이 된 것이 정말 감사하다. 만일 간병인이 그 자리에 있었다면 엄마의 손을 잡아 드렸을지 모르겠다. 잡아 드렸다고 해도 엄마의 마음이 딸의 손을 잡은 것 같지는 않았을 것이다.

그저 곁에만 있어 드린 그 새벽은 내게는 정말 감사하고 천금을 주고도 바꿀 수 없는 엄마와의 시간이었다.

미련한 딸의 출근

10월 5일 목요일 새벽에 엄마를 막냇동생에게 부탁하고 나는 귀가했다. 샤워한 후에 짧은 몇 시간이지만 잠을 잤다. 자고 나서 상황을 보려 했는데, 아침에 동생에게서 엄마의 산소포화도 수치가 다시 올랐다는 연락이 왔다. 나는 안도의 한숨을 내쉬었다. 그리고 아침에 병원으로 오지 않아도 될 것 같다는 동생의 말에 나, 미련한 김정현 교사는 그렇게 출근했다.

지금 생각하면 어떻게 위독한 엄마를 두고 출근할 생각을 했는지 모르겠다. 학교에 연가를 내고 엄마 곁에 머물렀어야 했는데. 내가 완벽하지 않기 때문이라고 해석해 본다. 막냇동생과 간병인이 엄마 곁에 있기도 했고, 학급을 맡은 담임으로서의 책임감 때문에 교실을 비워 두기 어려웠다. 나는 엄마가 평생을 헌신해서 키워 낸 사람이고 이 땅의 교사이다. 교사라는 직업에 스스로 떳떳하고 책임감 있는 사람이 되고 싶었다. 누가 시켜서가 아닌 나 자신의 양심으로.

하필 그날 학교에서 전교생 체육대회가 있었다. 내가 체육부장으로서 마이크를 들고 총진행을 해야 하는 상황이었다. 내가 안 있다면 누군가가 했겠지만, 나는 내게 주어진 책임을 감당하고 싶었다. 그때는 그게 옳은 결정 같았다. 엄마가 위독하시지만 당장 임종의 순간이 닥치지는 않을 거라고 판단했다.

사람은 완전하지 않고, 바른 판단을 항상 내릴 수도 없다. 나는 그 순간에 출근을 결정한 나의 태도가 마음에 안 든다. 좀 더 이기적으로 생각하고 엄마 곁에 그날 있어 드렸어야 한다는 후회가 든다. 이제는 돌이킬 수 없는 시간이 되었으니 후회한들 뭐하랴.

그러나 신실하신 주님은 나의 이런 고지식함, 미련함까지 아시고 도와주셨다. 엄마를 그날 하루 종일 지켜 주셨던 것이다.

그날 열린 체육대회에서 마이크를 잡고 행사를 진행했다. 동료 부장 교사가 내게 말했다.

"아나운서 같으세요. 부담된다고 하시더니 너무 잘하세요."

나는 가슴으로는 울면서도 의연한 얼굴로 주어진 일을 했다.

체육대회를 마치고 교실로 들어와서 수업하는데, 이상하게 아이들 얼굴을 보자 눈물이 났다. 고개를 돌려서 눈물을 닦고, 겨우겨우 수업했다. 엄마가 사투를 벌이시던 불과 몇 시간 전의 새벽을 뒤로한 채, 학생들을 의연한 척 가르치려니 눈물이 났다. 아마 내가 교단에 서기까지 나를 키워 주신 엄마의 사랑이 떠올라서 마음이 아프고 서글퍼서 눈물이 난 듯하다.

같은 학년을 맡은 선생님들이 나의 사정을 알고 염려했다. 마음 착한 3반 선생님이 말했다.

"부장님, 여기 계시면 안 되는 것 아니에요?"

그 말이 맞았다. 교장 선생님도 지난밤의 상황을 들으시더니 이렇게 말씀하셨다.

"연세 많은 분이 그 정도 상황이시면 마음의 준비를 해야 해요."

지나고 나니, 교장 선생님의 말씀이 옳았다. 상황이 급박하게 돌아가고 있는데, 내가 잘 알아차리지 못하니 하나님께서 주변 분들을 통해 듣게 하신 것 같다.

우리 세 자매는 9년이라는 시간 동안 어려움과 가슴 아픈 순간을 많이 겪었다. 그동안 엄마의 건강과 관련된 수술과 시술, 입원과 퇴원에 대한 문제를 결정하고, 직접 간병하기도 하며, 사람을 고용하고 관리하는 일을 반복했다. 어쩌면 그 시간을 거쳐 오면서 엄마의 건강 상태에 대한 민감성이 떨어지기도 했고, 엄마가 여러 차례 고비를 넘어오셨기에 이번에도 극복하실 수 있다는 생각이 컸다.

일어나고 있는 상황에 대해서 남들이 보는 시각이 더 정확했음을 그때 이후로 알게 되었다. 그래서 주변에서 타인이 하는 말을 경청하고 존중해야 함을 깨달았다. 나를 넘어서 우리가 될 때, 그 사고와 판단이 더 정확해지기도 한다.

나는 그날 오후, 당일 조퇴와 그다음 날 연가를 신청했다. 교감 선생님께는 연가 승인을 다음 날 아침 상황을 보고 해 달라고 요청하는 메시지를 보냈다. 다음 날 엄마가 괜찮으시면 출근하려고 했던 것이다. 그러나 왠지 교실을 오래 비우게 될 것 같은 예감이 들었다.

조퇴하고 학교 계단을 내려가면서 교사로서의 책임감 때문에 마음이 불편했지만, 지금은 직무에 매달릴 때가 아니라 할 수 있는 연가를 다 동원해서라도 엄마 곁에 있어야 한다는 생각이 들었다.

'엄마는 그동안 숱한 위기를 겪으셨지만, 이번에는 차원이 다른 것 같아. 일단 오늘은 조퇴했고 내일은 연가를 쓰면 되니, 주말에 경과를 보면서 남은 연가를 길게 쓸 것인지 판단해야지.'

그때 나는 엄마가 위독하다고 생각하면서도 남은 시간이 더 있을 줄 알았다. 천년만년이 아니라, 1년이 아니라, 한 달 두 달이 아니어도, 그래도 어느 정도는 더 머물러 주실 줄 알았다.

🌿 작은이모, 이별의 눈물

10월 5일 목요일 낮에 작은이모로부터 전화가 왔다. 엄마께 오신다고 했다. 그런데 전날 밤에 내 남편이 엄마를 뵈러 오겠다고 해서 병원에 미리 면회 신청을 했었다. 병원 방침상 보호자를 제외한 다른 가족은 하루에 한 명만 면회할 수 있었다. 나는 사정을 설명하고 이모는 그다음 날 오시면 좋겠다고 했지만, 이모는 오늘만 된다고 하시면서 장암역으로 차로 마중 나올 수 있는지 물으셨다. 나는 모시러 간다고 했고, 남편에게는 이렇게 말했다.

"내일이나 모레에 와요."

의정부에서 언제든 마음먹으면 올 수 있는 남편과 서울에 살면서 칠십대 중반의 연로하신 이모 중에서, 이모가 먼저 면회하시도록 순서를 바꿔드리는 게 옳다고 생각했다. 이따가 내가 장암역으로 모시러 가기로 하고 우선 병원으로 향했다.

M 요양병원은 우리가 엄마를 처음 이곳에 모셨던 2016년 7월에는 이름이 H 재활병원이었다. 그새 바뀌어서 M 요양병원이 되었지만, 건물의 상부 층은 여전히 H라는 이름 그대로 일반 병원으로 운영 중이다.

그곳은 참으로 우리의 애환이 깃든 곳이다. 엄마가 구급차에 실려서 처음 H 재활병원에 오셨던 때, 우리는 엄마가 일어나실 줄 알았다. 우리가 간절히 기도하고 믿음의 식구들이 중보기도를 해 주시면, 그 믿음을 놓지 않고 말씀을 의지하면 반드시 일어나실 수 있다고 믿은 세월이 5년이었다. 그러다가 5년이 지나면서는 그렇게 되지 않으실 수도 있겠다는 쪽으로 마음이 기울어져 갔다. 그 세월을 어찌 다 이루 말하랴. 눈물로 얼룩진 애달픈 세월이었다.

우리는 엄마를 H 재활병원에서 양평 N 재활병원으로, 그곳에서 다시 의정부 M 재활병원으로 모셨다. 병원마다 머무실 수 있는 기한이 정해져 있어서 자주 전원하셔야만 했기 때문이다. 엄마는 다시 R 재활병원과 양주 W 재활병원을 거쳐 M 요양병원에 계시다가, 잠시 요양원을 거쳐 다시 M 요양병원으로 돌아오셨다. 우리는 M 요양병원 옆에 난 좁은 산책로로 참 많이 다녔다. 언젠가 건강을 회복한 엄마를 모시고 나올 날을 꿈꾸면서 말이다. 그 산책로는 병원 앞에서 시작하여 아파트를 지나 넓고 쾌적한 근린공원으로 이어졌다.

M 요양병원의 역사와 함께해 온 우리의 지난날을 떠올리다 보니 어느덧 병원에 도착했다. 막냇동생이 엄마 곁에 있었고, 당시 엄마는 산소포화도가 93까지 올라왔다. 감사했다. 난 엄마가 많이 안정되신 줄 알고 한시름 놓았다.

엄마는 다른 날과 특별히 다른 것이 없어 보이셨다. 막냇동생이 엄마를 간병하고 있었기에, 내가 조카가 다니는 학원에 들러 차로 집에 데려다주고 이모를 마중 나가려고 했다.

그런데 그날은 내가 회장으로 섬기고 있는 열기선(열방기독교사선교회) 10월 정기 기도회가 있는 날이었다. 그날따라 기도회에 나온 사람이 인도자 지영 선생님 한 명밖에 없는 듯했다.

'안 되겠다!'

나는 막냇동생에게 사정을 설명하고 부랴부랴 기도회에 참석했다. 주님이 세우신 열기선 기도회를 지키고 싶었다. 지영 선생님이 기도회를 은혜롭게 잘 인도해 줘서 고마웠다. 나에게 위로가 되는 시간이었다. 다른 분들은 바빠서인지 나오지 못해서 단 둘이 기도를 드렸지만 하나님께 감사했다.

그날 지영 선생님이 김밥을 많이 사 왔다. 기도회를 마치고 돌아가려는 내게 지영 선생님은 김밥을 네 줄이나 건넸다. 나는 사양했지만 지영 선생님은 반강제로 내게 안겨 줬다.

사실 그날 나는 저녁 식사 약속이 있었다. 이모가 먼저 이렇게 말씀하셨다.

"정현아, 내가 저녁 사 줄게. 엄마 간병하느라 애쓰는데."

그렇지만 실제로는 이모와 함께 식사하지 못했다. 이모가 엄마를 면회하기에도 시간이 빠듯했기 때문이다.

나는 이모가 면회 다녀가신 후 한참 있다가 이모를 다시 만날 줄 알았고, 그로부터 이틀 후에 다시 만날 줄은 꿈에도 몰랐다. 지영 선생님한테서 네 줄의 김밥을 받을 때도 얼마나 유용하게 먹게 될지 알지 못했다. 그날 나는 이모와 저녁을 먹지 못하고 김밥을 먹었다. 남은 김밥 세 줄은 남편과 조카들에게 주었다. 지금 생각하면, 그 김밥 네 줄이 하나님의 사랑으로 느껴진다. 앞으로 큰일 치르면서 허기지지 말라고 하나님께서 예비해 주신 사랑의 김밥이었던 것 같다.

기도회를 마친 후, 조카를 학원 앞에서 만나 차에 태우고 곧바로 장암역으로 가서 작은이모를 만났다. 이모를 모시고 병원으로 가는 길에 잠시 조카를 집 앞에 내려 주고 오후 8시쯤 병실에 도착했다.

이모는 엄마를 보자마자 눈물을 흘리며 흐느끼셨다.

"언니!"

이모는 슬퍼서 어찌할 줄을 몰라 하셨다. 엄마 손을 꼭 잡고 많은 말씀을 하셨다. 이모는 내게 이렇게 말씀하셨다.

"언니와 오늘따라 소통이 잘되는구나."

두 분은 30분 남짓 그렇게 뜻깊은 상봉의 시간을 가지셨다. 난 곁에서 두 분을 보면서 자매의 우애가 참 깊다고 느꼈다.

이모는 엄마를 위해서 많은 정성을 기울이셨다. 엄마가 쓰러지시고 병원에 계신 동안 병원마다 찾아오셨다. 처음에 엄마는 연하(입속에 있는 음식물을 삼키는 동작) 치료를 꾸준히 받으셨는데, 그때만 해도 입에 요구르트나 죽을 넣어 드리면 우물우물하면서 천천히 드셨다. 그때 이모는 전복죽이나 잣죽을 곱게 갈아서 너무 뜨겁지 않게 식혀서 큰 통에 담은 후 전철을 몇 번이나 갈아타시면서 엄마께 오셨다. 이모 또한 나이가 적지 않으셨는데 사랑하는 언니를 위해 최선을 다하셨다. 이모의 언니를 향한 사랑은 우리를 뭉클하게 했다. 지금 생각하면 이모와 우리는 치열한 싸움을 함께해 온 전우 같다. 그 비통함을 함께 겪은 동지라고나 할까.

엄마 곁에는 항상 친구도 많고 따르는 사람이 많았다. 그러나 사지 마비의 장애 1급이 된 엄마를 찾아오는 사람은 시간이 갈수록 줄어들었고, 고향 대전에서 딸들이 거주하는 의정부로 병상을 옮긴 뒤로는 더욱 그러했다. 그래도 외삼촌이 가끔 들르셨고, 이모는 힘이 닿는 대로 자주 오셨다.

이모는 때때로 간병인을 위해 빵이나 선물을 사 오곤 하셨다. 병상의 언니를 잘 보살펴 달라는 의미에서 그러신 것이었다. 이모는 엄마가 병원을 옮길 때마다 주소를 물어 찾아오셨고, 가시면서는 항상 눈물을 흘리시곤 했다. 나는 이모를 의지했고, 집안에 어른이 계신다는 사실에서 위로를 받았다. 이모는 우리 세 자매가 그 외롭고 힘든 시간을 버텨 오는 데 큰 힘이 되어 주셨다.

나와 동생들은 이 세상에 태어나면서 엄마를 만났지만, 이모는 어린 시절부터 엄마와 함께했으니 엄마를 가장 잘 아는 분이실 테다.

자기 아들을 아끼지 아니하시고

이모가 귀가하시는 길, 나는 원래 장암역까지만 차로 모셔다 드리려고 생각했으나 병원 문을 나서기 전 마음이 바뀌었다.

'오늘은 집에 모셔다 드려야겠다.'

어쩌면 이모의 마지막 문병일 수도 있었기 때문에 그렇게 하고 싶었다. 사실 그 순간은 내가 엄마 곁에 한 시간이라도 더 있어야 할 상황이었다. 그런데 막냇동생이 엄마 곁에 있었고, 이모가 감기를 앓고 계셔서 힘들어 보이셨다.

'오늘은 우리 이모를 섬겨 드려야지. 9년 동안 한 번도 집까지 모셔다 드리지 못했는데.'

나는 그렇게 해 드리는 것이 그동안 엄마께 보여 주신 이모의 사랑에 대한 보답이자 도리인 듯했다. 이모는 사양하셨지만, 그냥 핸들을 서울로 향했다.

이모는 그날따라 유난히 슬퍼하셨다. 내 옆자리에서 내내 슬피 우셨다. 너무 서럽게 오열하시니 나도 슬프지만 오히려 내가 이모를 위로해 드려야 할 상황이었다.

"하나님도 무심하시지. 착한 우리 언니를 어떻게 저렇게 고통스럽게 살게 하다가 이제 이렇게 힘들게 하실 수가 있니. 너무하신다."

하지만, 나는 이미 원망의 단계를 넘어섰다. 하나님을 원망하는 순간 모든 것을 다 잃게 된다는 것을 깨달았기 때문이다. 엄마가 사고로 쓰러진 비극 영화 같은 상황은 처음 맞닥뜨렸을 때나 9년이 흘렀을 때나 감당하기 힘든 것은 매한가지였다. 세월의 힘이 결코 그 상황을 아무렇지 않은 것으로 만들어 주지 못했다. 여전히 마음이 아프고 힘겨웠다. 그러나 그럼에도, 하나님께서 나의 원대로 그리 아니하실지라도, 하나님을 신뢰하지 않고 그분의 사랑을 의심하는 것은 한마디로 자살골이라고 생각했다. 마귀는, 어둠의 세력은 어떻게 해서든 내가 하나님을 원망하기를 박수 치며 응원하겠지만, 이미 나의 마음은 결정된 상태였다.

하나님은 내 상황과 형편과 처지에 따라 그 선하심과 완전하심이 변하지 않으신다. 나는 지금 이 땅에서는 다 이해할 수 없지만, 주님의 섭리 안에서 고통의 시간마저 나와 가족, 특히 엄마에게 하늘에 쌓아 놓는 의미 있는 시간이라고 믿었다.

> 감추어진 일은 우리 하나님 여호와께 속하였거니와 나타난 일은 영원히 우리와 우리 자손에게 속하였나니 이는 우리에게 이 율법의 모든 말씀을 행하게 하심이니라 (신 29:29).

> 하나님을 사랑하는 자 곧 그의 뜻대로 부르심을 입은 자들에게는 모든 것이 합력하여 선을 이루느니라(롬 8:28).

나는 수요예배 때 들은 말씀을 떠올렸다. 합력하여 이루어지는 그 선은 이 땅에서 잘 풀리고 잘사는 것을 넘어서는 것이라는 말씀을. 목사님은 보이지 않는 하나님께 소망을 두고, 주님이 나를 대신하여 죽어 주신 그 대속의 희생을 감사하라고 하셨다. 이제 내 안에 자기 생명을 내주신 예수님이 그분의 영으로 함께 살아가심을 깨닫고 그분께 삶의 주권을 내드린다면 우리가 당한 어떤 고난조차 합력하여 선을 이루는 것이라고 설교하셨다. 그 말씀이 잘 박힌 못처럼 내 영혼에 각인되었다. 나는 다른 이들에게도 권면하고 싶다. 고난은 싫고 피해 가고 싶지만, 바꿀 수 없다면 차라리 즐기자고.

즐거워서 즐기겠는가?

슬픔과 절망에 머물 것이 아니라, 그 고난을 통해 참된, 썩지 아니할 소망 되신 주님을 붙들라는 것이다. 그 주님은 이 땅에 다시 오실 것이고, 그날에 잠자는 자들이 영원히 썩지 아니할 몸으로 부활하여 주님과 함께 영원한 나라에서 영생을 누리게 된다. 그날을 고대하고 믿음으로 승리하자.

우리가 사는 이 세상은 유한하다. 이 글을 쓰는 나도 그렇고, 우리는 모두 이 세상에서 나그네이고 이방인 같은 인생이다. 이 세상에 소풍 나와서 살다가 언젠가는 때가 되면 떠난다.

인생은 죽음 후에 과연 개, 고양이 같은 동물처럼 땅에 묻혀 흙으로 돌아가고 끝날 것인가?

성경은 말하고 있다. 그렇지 않다고.

> 인생들의 혼은 위로 올라가고 짐승의 혼은 아래 곧 땅으로 내려가는 줄을 누가 알랴(전 3:21).

인생에게는 죽은 후 이 육신이라는 장막을 떠나는 순간 심판이 있다고 한다. 예수님을 믿는 자는 생명의 길로, 그렇지 않은 자는 심판의 지옥으로 간다. 이 엄연한 사실을 그리스·로마 신화처럼 상상의 이야기로 여기는 사람이 많다. 그런 분들에게 묻고 싶다.

"만약 죽은 이후에 당신의 영혼이 눈을 뜬 곳이 영원한 불못, 구더기가 들끓는 지옥이면 어떻게 할 건가요?"

심판의 지옥이 있을 확률이 반반이라면, 위험성이 없는 '믿는다'에 한 표 던지고 그 생명의 예수님이 어떤 분이신지 성경을 통해 배워 보라고 말하고 싶다. 믿음은 들음에서 난다고 했으니, 그렇게 듣다 보면 진리의 성령께서 밝히 알려 주시리라.

> 한 번 죽는 것은 사람에게 정해진 것이요 그 후에는 심판이 있으리니 (히 9:27).

> 하나님이 세상을 이처럼 사랑하사 독생자를 주셨으니 이는 그를 믿는 자마다 멸망하지 않고 영생을 얻게 하려 하심이라 (요 3:16).

고통과 슬픔 속에 담긴 진정한 생의 소망과 이유를 알고 여생을 헛되게 살지 않으며 영원한 가치에 목적을 두는 삶, 나는 그것을 소망한다. 그러니 내가 어찌 하나님을 원망하랴. 내가 살기 위해서라도 그런 자살골을 넣을 수 없다.

물론, 나도 사람인데 왜 하나님을 탓하고 싶은 마음이 없었을까?

그러나 그때마다 내가 붙든 말씀은 로마서 8장 32절이다.

> 자기 아들을 아끼지 아니하시고 우리 모든 사람을 위하여 내주신 이가 어찌 그 아들과 함께 모든 것을 우리에게 주시지 아니하겠느냐 (롬 8:32).

두 자녀를 키우는 엄마로서, 하나님이 자기 아들을 아낌없이 내주셨다는 표현을 볼 때마다 나의 모든 불평은 사라진다.

살다 보니, 모든 생각은 성경에서 시작하여 성경에서 답을 찾는 것이 정말 옳다. 나는 여전히 성령께서 공사 중이신 성도지만, 이 말씀 한 구절에 모든 답이 담겨 있다고 믿는다. 아들을 내주신 그 사랑 앞에서 모든 의심과 원망, 슬픔과 고통에 찬 하소연, 하늘을 향해 외치고 싶은 절규는 쏘아 올리다 만 공처럼 힘을 잃는다.

하나님은 아들을 내주셨다. 성경에 있으니 그 말씀을 믿는다. 하나님은 종이호랑이가 아니고, 소원을 들어주는 요정도 아니다. 하나님은 세상의 우상과 달라서, 우리의 죄악을 대신하여 아들을 십자가에 내주셨고, 그 아들을 죽음에서 살리셨다. 나는 이 로마서 8장을 엄마께 읽어 드리다가 나 자신이 크게 은혜를 받고 감동했다.

하나님을 막연히 우주적인 신적 존재, 옥황상제, 조물주로만 여기고 있지는 않은가?

조물주라는 단어 자체로는 하나님의 인격을 설명하기에 충분하지 않다. 오직 성경을 통해서만 완전하신 하나님을 알 수 있다. 나는 말씀은 못하지만 들을 수 있는 엄마를 위해 로마서를 들려 드리다가 요양원 병상 곁에서 그 깨달음이 왔다. 예수님을 통해서 하나님을 알아야 한다. 하나님의 사랑은 바로 자기 아들을 아끼지 아니하시고 내주는 사랑이고, 하나님의 능력은 바로 부활의 능력이다. 그 하나님이 바로 나의 하나님이시고 지금도 함께하신다.

나는 하나님이 과거의, 성경 속의 하나님만이 아니라고 믿는다. 그분은 시간의 주관자이신지라 다윗의 시간, 나의 시간이 그분 앞에서는 모두 현재형이라고 생각한다.

하나님은 나의 죄를 용서해 주시려고 나를 대신해서 독생자 예수님을 희생 제물로 십자가에 못 박혀 죽게 하실 만큼 나를 사랑하는 사랑의 하나님이요, 공의의 하나님이시다. 또한, 그 죽은 예수님을 살리신 능력의 하나님이시다. 이 하나님이 나의 창조주, 나의 하나님이시다.

하나님을 안다고 하면서 〈알라딘의 요술 램프〉에 나오는 요정 지니 수준으로 하나님을 생각한다면, 그 하나님은 언제까지나 내 소원 성취를 위해 저 하늘에 떠 있는 달 같은 대상일 뿐이다. 그렇게 내가 주인 되어 바라보는 하나님은, 인생의 풍랑이나 역경 앞에서는 속절없이 무너지고 마는 내가 만든 우상 그 이상도 이하도 아니다. 하나님을 알되 말씀을 통해 하나님을 알고, 그분 앞에 나갈 때는 어린아이처럼 단순하고 순전한 믿음을 갖는 것, 이것만이 우리가 할 수 있는 최선이다.

애초에 엄마가 쓰러지신 순간부터 나는 내 힘으로 감당할 수 없었다. 견뎌 내고 살아가는 것 또한 내가 아닌 하나님의 힘에서 그 답을 찾아야 했다. 그 사건은 엄청난 슬픔과 시련을 몰고 왔다. 주위를 둘러보며 눈을 씻고 봐도 내가 감당할 수 있는 허용치를 넘어선 비극이었고 고난이었기에, 사람의 방식으로는 헤쳐 나길 수 없었고 버거웠다. 그렇기에 난 하나님의 방법을 택했다. 원망 대신 감사를, 슬픔 대신 소망을 품고 나 대신 하나님을 신뢰하기로 했고, 그 믿음을 놓치지 않으려 주님 앞에 끊임없이 나를 올려 드렸다.

우리 세 자매가 했던 노력의 최고봉은 어느 상황에서도 하나님을 신뢰했던 것이다. 그리할 수 있도록 믿음과 힘을 주신 주님을 경배한다. 그분의 열심이 이를 이루셨다. 주님은 그분을 신뢰하는 우리를 외면하지 않으셨다.

엄마와 병원 한구석에서 드리던 복도 예배, 침상에서 다른 환자들과 간병인들의 눈치를 보면서 커튼 치고 조용히 드리던 병상 예배, 길가에서 드리던 노상 예배 이 모든 것이 가능했던 것은 하나님의 은혜 덕분이다. 그리 할 수 있던 믿음, 상황, 건강, 시간 그 모든 것이 하나님이 인도하시는 대로 순종하는 자에게 주신 축복이라고 생각한다. 엄마가 그런 예배에서 자녀들의 설교 끝에 반응하시던, 천금을 주고도 바꿀 수 없는 "아멘"의 작은 소리를 우리 주님은 받으셨을 줄 믿는다.

> 내가 그리스도와 함께 십자가에 못 박혔나니 그런즉 이제는 내가 사는 것이 아니요 오직 내 안에 그리스도께서 사시는 것이라 이제 내가 육체 가운데 사는 것은 나를 사랑하사 나를 위하여 자기 자신을 버리신 하나님의 아들을 믿는 믿음 안에서 사는 것이라 (갈 2:20).

❁ 초라한 예배, 그러나 존귀한 예배자

나는 이모를 이해했다. 사실 나도 그렇게 울고 싶을 때가 한두 번이 아니었다. 혼자 눈물 흘린 적이 셀 수 없이 많고, 운전하다가 눈물이 나서 시야가 가려져 위험할 뻔한 적도 있다.

그날 조수석에 앉아 통곡하는 이모 곁에서 나는 조용히 운전만 했다. 이모가 너무 흐느끼셔서 내 슬픔을 드러낼 수 없었기 때문이다. 그러다가 문득 지난 9년 동안 내가 깨달은 것을 이모에게 나누고 싶어졌다.

그날 대화는 아마 성령께서 시키신 것이 아닐까?

"이모, 제가 지난 9년 동안 너무 힘들고 감당할 수 없는 슬픔 속에서 오직 성경 말씀만이 위로가 되었어요."

정말 그랬다. 만일 엄마를 일으켜 드릴 수만 있다면, 아프리카 끝까지라도 찾아가서 명약을 구해 오고 싶었다. 우주선을 타고 달나라에 가서 약을 구해 올 수만 있다면 거기라도 가고 싶었다. 그러나 이 땅에 존재하는 그 어떤 것으로도 이 비통함과 고난의 해결책을 찾을 수 없었다. 사람 안에도 그 해답은 없었고, 이 세상 어디에도 정답이 없었다. 오직 주님 안에 머무는 것만이 유일하고 확실한 길이었다.

감당할 수 없는데 어찌하랴?

사람의 힘으로, 세상의 그 어떤 방법으로도 안 되는 상황 앞에서 무엇을 선택할 것인가?

나는 절망 대신 하나님 안에 있는 소망을 바라보았다.

> 내가 주의 영을 떠나 어디로 가며 주의 앞에서 어디로 피하리이까 내가 하늘에 올라갈지라도 거기 계시며 스올에 내 자리를 펼지라도 거기 계시니이다 내가 새벽 날개를 치며 바다 끝에 가서 거주할지라도 거기서도 주의 손이 나를 인도하시며 주의 오른손이 나를 붙드시리이다 (시 139:7-10).

사람의 눈으로 엄마를 보면 그보다 더 비참할 수 없었다. 도무지 이해할 수 없는 슬픔과 비통함을 우리는 겪어야 했다. 나의 상식이나 경험으로 해석할 수 있는 상황이 아님을 알고, 주님의 그 넓은 품에 송두리째 나를 던지기로 했다. 엄마의 형용할 수 없는 고난에 관해 나의 모든 판단과 괴로움을 주님께 맡겼다. 그것만이 내가 살고, 엄마가 사는 길이었다.

엄마는 9년 동안 사지 마비의 상태로 사셨다. 아니, 살았다기보다는 산 자와 죽은 자의 경계에서 그저 견뎌 내신 것 같다. 말로는 거의 표현하지 못하셨기 때문에, 나는 엄마가 어떤 생각을 하고 무슨 감정을 느끼셨는지 다 알지 못한다. 내가 어찌 말할 수 있으랴. 다만 하나님만이 아시고, 엄마의 영혼이 알 것이다.

그러나 우리는 엄마께 종종 고백했다.

"엄마는 정말 존귀한 분이에요. 우리 곁에 계셔 주셔서, 여전히 우리를 사랑해 주셔서 감사해요."

엄마는 그 육신의 장막 안에 하나님의 영을 모신 존귀한 예배자였다.

> 너희는 너희가 하나님의 성전인 것과 하나님의 성령이 너희 안에 계시는 것을 알지 못하느냐 (고전 3:16).

엄마는 우리와 예배드리고 찬송과 말씀을 들을 때마다 항상 귀를 기울이셨다. 집중하려는 눈빛과 표정으로 반응하셨고, 우리가 말씀을 마칠 때면 예외 없이 이 말을 하시거나 최소한 입술을 움직이는 것으로라도 이 뜻을 표현하셨다.

"아멘."

이보다 더 존귀한 예배자가 있을까?

모든 것이 무너진 사지 마비의 육신을 이끌고 하루하루 견뎌 내시는 중에도 엄마는 너무나 아름답고 존귀한 예배자였다. 엄마는 예배드리는 것을 기뻐하셨고, 마친 후에는 그 얼굴이 환하게 빛났다. 눈을 꼭 감은 채 힘없이 계시다가도, 우리와 함께한 그 작고 초라한(그러나 주님이 친히 주관하신 그

귀한) 예배에서 엄마는 온 힘을 다해 주님을 경배했다. 손에 힘을 주어 믿음을 표현하시고, 눈을 깜박이는 것으로 하나님에 대한 신뢰를 표현하셨다.

우리가 예배드릴 때 엄마께 전해 드린 말씀의 형태는 다양하다. 주중에 뵐 때는 성경을 묵상했던 내용을 들려 드리거나, 따로 설명 없이 성경 본문만을 읽어 드리기도 했다. 주일예배를 마치고 면회할 경우, 교회에서 들은 설교를 요약해 드리거나, 설교를 통해 받은 은혜를 전달해 드렸다. 우리가 전하고자 특히 힘쓴 것은, 십자가의 대속의 은혜와 예수님의 부활에 대한 메시지였다. 누워 계신 지 6년 정도가 지나면서는 천국과 부활의 소망, 예수님의 재림에 관한 말씀을 자주 들려 드린 것 같다.

너무 마음이 아플 때는 그냥 시편을 찾아서 엄마 곁에서 조용히 읽어 드리고 손을 꼭 잡아 드리기도 했다. 시편을 읽다가 우리 스스로가 은혜받은 적도 여러 번 있다. 말씀의 능력은 전하는 이나 듣는 이에게 동일하게 역사한다.

이모와 차 안에서 이런 내용을 나누었다. 오래 대화하는 동안 내 마음이 차분해졌다. 이모를 위로하려다가 내가 위로가 된 것 같았다. 내 말을 내 귀가 듣고 내 영혼이 듣기 때문인 듯하다.

그래서 우리는 입 밖으로 내는 말을 잘 골라서 생명의 언어, 감사의 언어를 말해야 한다. 입술이 부정적이고 정직하지 못한 자와 멍에를 메지 않아야 하는 까닭이기도 하다.

들리는 말이 부정적이고 거짓되면, 그것을 듣는 내 영혼도 그 그늘과 어둠의 영향을 받지 말란 법이 없지 않은가?

🌿 언니가 와 줘!

오후 9시 30분경, 이모를 모시고 서울 한복판에 다다랐을 때, 막냇동생에게서 전화가 왔다.

"언니, 나 배가 아파서 지금 집에 가야겠어. 언니가 와 줘!"

나는 곧바로 답했다.

"그래, 걱정하지 마. 내가 이모 모셔다 드리고 엄마께 갈게."

그전까지 막냇동생은 엄마를 간병하면서 아프다고 한 적이 없었다. 그런데 그날은 많이 힘들었나 보다.

물론, 간병인이 따로 있었지만 엄마 곁에는 우리가 필요했다. 사실 병원에서는 보호자 둘이 와 있는 것을 불허했다. 나는 이모를 모셔다 드리고 다시 병원으로 돌아갈 계획이었지만, 병원을 나설 때 막냇동생이 만류했다.

"언니는 이모 모셔다 드리고 다시 오지 마."

"아니야, 다시 올게.'

동생이 극구 만류했다.

"내가 있는데 왜 와?"

동생이 그리 말한 것은, 언니를 향한 배려와 병원의 규정을 지켜야 하는 부담 때문이었다. 게다가 그 밤이 어떤 밤인지 그때까지는 아무도 몰랐으니까.

당시 엄마는 6인실 중환자실에 계셨고 간병인이 늘 곁에 있었다. 그런데도 우리 자매가 중환자실에 가 있었던 이유는 엄마의 정서적 지지를 위해서였고 엄마가 위독하다는 의사의 진단이 있었기 때문이다. 그렇지만 우리는 이미 그런 시간을 9년간 겪어 왔다. 우리에게는 직장이 있고 가정이 있다. 자녀들이 어린 사람도 있었고, 재수하는 수험생 자녀를 둔 사람도 있었다. 우리는 우리에게 허락된 엄마와의 시간을 잴 수 없었다. 미리 "일주일입니다" 또는 "3일 남았습니다"라는 말을 들었다면 당연히 엄마 곁을 떠나지 않았겠지만, 남은 시간이 정확히 얼마나 되는지 모르는데 무조건 모든 것을 제쳐 놓고 엄마 곁에 24시간 머물 수 없었다. 우리는 최대한 많은 시간 엄마 곁에 있으려고 했지만 현실적으로는 쉽지 않았다.

그 밤에도 그랬다. 심한 감기로 고생하면서도 노구의 몸을 이끌고 엄마께 오신 이모가 그날따라 유난히 안쓰러웠다. 어쩌면 마지막 면회가 될지도 모른다는 생각이 들었고, 엄마를 향한 이모의 애틋한 사랑에 보답하고 싶었다. 왕복 두 시간 거리 정도는 괜찮을 거라 여기고 병원 문을 나섰다.

이모를 서울 집 앞에 내려 드리고, 곧바로 차를 돌려서 의정부로 향했다. 되돌아가는 길은 시간이 더 짧게 걸렸다. 한강을 건너면서 주님께 혼자 기도하며 운전했다. 불현듯 지나칠 만큼 오랜 시간 엄마가 우리 곁에 있어 주셨다는 생각이 들었다. 내 영혼이 내게 말하는 것인지 내 안의 성령님이 말씀하시는 것인지 알 수 없었지만, 그 생각이 나를 마치 에워싸듯 진하게 내 심령 깊이 드리웠다.

'오래 계셔 주신 것을 넘어서서 지나칠 만큼 함께해 주셨구나!'

한강을 건너는 다리 위에서 느낀 그 마음은 지금도 너무 생생하다. 그때 주님은 이미 내게 알게 하신 듯하다. 나는 기도드렸다.

"하나님, 엄마가 저희 곁에 지나칠 만큼 오래 계셔 주셨습니다. 이렇게 오래 엄마를 뵐 수 있어서 감사합니다. 그런데 지금 너무 힘드십니다. 아버지, 저희에게 좋은 것 말고 엄마에게 좋은 것, 하나님 보시기에 선한 것으로 엄마를 인도해 주세요. 이제는 저희가 비록 엄마의 따뜻한 손을 더 이상

잠을 수 없다 해도 순종하겠습니다. 그러나 주님의 마음에 합당하시면 단 며칠이라도 좋사오니 엄마를 일으켜 주시고 저희와 거닐게 해 주소서."

한강을 건너며 달리는 차 안에서 혼자 읊조리듯 올려 드린 그 기도를 주님은 열납하셨다. 몇 시간 후, 바로 응답하셨다. 주님이 보기에 가장 선한 방법으로 엄마를 위해 대사를 행하셨다.

의정부에 다다랐을 무렵 피곤이 몰려왔다. 지난밤에도 잠을 설친 데다가 계속 긴장한 까닭이었다. 장거리 운전을 하느라 지치고 피곤해서 집에 가서 쉬고 싶었다. 하지만, 병상에 계신 엄마를 생각하면 그럴 수 없었다.

'지금은 엄마가 너무 힘드시고, 동생까지 배가 아파서 곁에 자녀가 없잖아. 난 병원으로 꼭 가야 해.'

의지를 모아 마음을 결정하려던 순간, 의정부에 들어서면서 다시 갈등이 일었다. 딸의 수능 시험이 40여 일밖에 남지 않았었는데, 마침 시계가 딸이 귀가할 시간을 나타내고 있었다. 딸이 늦은 밤에 집에 와서 허기질 생각을 하니까 집으로 가고 싶었다. 시계를 보기 전에는 그런 마음이 별로 없었는데, 시계를 본 후에는 집으로 가서 딸아이 간식을 챙겨 주고 싶다는 생각이 굴뚝같았다. 갈등이 생겼다.

'간병인이 있으니까 오늘 하루쯤은 괜찮지 않을까?'

'안 돼. 지금 막냇동생도 없는데.'

마음속에서 두 생각이 서로 심하게 다투었다. 아마 그때 막냇동생이 배가 아파서 집에 가지 않았더라면 내가 집으로 갔을 것이다. 결국, 51:49로 병원으로 가야 한다는 생각이 이겼다. 나는 장암삼거리에서 우측으로 핸들을 돌렸다. 좌측에는 우리 집, 우측에는 M 요양병원으로 가는 길이 있었다.

🍁 임종을 지키다

아마도 그 밤에 성령께서 내 마음을 재촉하신 게 아닌가 싶다. 엄마를 생각하는 나의 마음 가운데 주님이 함께하셨음을 믿는다. 정말 갈등을 겪다가 엄마께로 갔는데, 그 밤의 그 선택은 두고두고 생각해도 참 다행이었다. 성령의 도우심이 있었다고 믿는다.

10시 50분경, 병원에 도착했다. 그날의 야간 당직 간호사는 막냇동생이 자주 칭찬하던 선량한 인상의 남자 간호사였다. 중환자실 환자와 간병인들이 모두 잠들어 있었기 때문에 나는 발소리를 죽여서 엄마께로 다가갔다. 엄마의 간병인은 보조 침대에서 자고 있었다. 엄마를 돌보느라 밤잠을 못 잘 때가 많아서 피곤했나 보다. 내 인기척을 느끼고 일어나기에, 빈 병실로 가서 편히 주무시고 새벽에 교대하자고 말씀드렸다.

간병인은 빈 병실로 가고, 나는 엄마 곁에 앉았다. 이모는 그날 엄마와 참 많은 회한이 깃든 소통을 하셨다고 했다. 이모의 말을 들으면서 엄마가 큰 숨인지 한숨인지 모를 것을 종종 내쉬었기 때문이다. 그렇지만 그 밤에 엄마는 그냥 조용히 주무시고 계셨다. 기침을 하시지 않으셨고, 가래도 끓지 않으셨다. 그저 산소마스크를 쓴 상태로 주무시고 있었다. 그때가 밤 11시경이었고, 엄마의 산소포화도는 77이었다. 나는 세 자매 단톡방에 내가 엄마 곁에 있음을 알려 주고 동생들을 안심시켰다.

자정이 다 되었을 때, 엄마의 산소포화도는 79였다. 나는 엄마 곁에 앉아서, 낙상 방지를 위한 침대 난간 사이로 손을 넣었다. 엄마 손을 꼭 잡고 병상을 지키다 보니, 어느새 졸음이 몰려왔다. 그래도 엄마가 너무 힘들고 외로우실 것 같아서 엄마를 지켜 드리고 싶었다. 엄마 손을 잡고 누우면 엄마가 든든하실 것 같았다. 평소에도 이따금 그렇게 하곤 했는데, 그 밤은 더욱 그리하고 싶었다. 엄마가 외롭지 않도록 엄마의 왼손을 나의 오른손으로 잡고 잠시 보호자용 보조 침대에 누웠다. 간병인은 그 침대에 누울 때 병상에 누운 엄마의 얼굴 쪽으로 발을 두었지만, 나는 머리를 두었다. 손을 잡으려면 그렇게 해야 하고, 또 엄마를 더 가까이서 뵙고 싶었기 때문이다.

그렇게 침대 난간 사이로 엄마 손을 잡고 누웠는데 이내 잠이 쏟아졌다. 잠시 후 팔이 저려서 눈을 떴다. 막냇동생이 간병 물품으로 가져다 놓은 개구리 쿠션을 손목에 대고 엄마 손을 잡으니 한결 수월했다.

다시 누워서 눈을 감았다. 자려고 한 것은 아니었다. 베개도 안 베고 이불도 안 덮었다. 엄마를 지켜 드려야 하는데 자면 어떡하겠는가. 작정하고 자려고 한 것은 아니었다. 그러나 너무 피곤한 나머지 눈을 감고 있다가 스르르 잠이 들었다.

그렇게 그날 10월 5일에서 10월 6일로 넘어가는 자정 무렵 잠을 자고 있었다. 얼마가 지났는지 모르겠다. 갑자기 야간 당직 간호사가 와서 불렀다.

"보호자님, 보호자님!"

크지 않은 목소리로 두 번인가 부른 듯하다. 선잠이 든 까닭인지 나는 얼른 일어났다.

"여기 좀 보세요."

그분은 엄마 머리맡에 있는 바이털 사인 측정기를 가리켰다.

"네?"

내 눈에는 산소포화도가 제일 눈에 띄었다. 우리가 항상 주시한 것이 산소포화도였기 때문이다. 산소포화도는 68이었다. 다른 수치는 눈에 들어오지 않았다.

"68이네요?"

내가 물었다. 그런데 돌아오는 대답이 뜻밖이었다.

"지금 많이 안 좋으세요. 임종이 다가오신 것 같습니다."

순식간에 벌어진 일 앞에서 나는 어리둥절했다. 정신을 차리려고 애쓰며 물었다.

"가족을 불러야 하나요?

"네, 부르셔야 할 것 같습니다."

이 짧은 대화 가운데 엄마는 서서히 떠나고 계셨다.

드라마를 보면 병상에 누운 환자가 임종을 맞을 때 뭔가 구별되는 표시가 있거나 어떤 특별한 모습이 표현되던데, 엄마는 전혀 안 그러셨다. 나는 엄마 얼굴을 감싸안고 연신 엄마를 부르다가 막냇동생에게 다급히 전화했다. 그리고 이럴 때가 아니라는 생각에 급히 엄마의 오른쪽 귀에 대고 말씀드렸다.

"엄마, 사랑해요. 엄마, 사랑해요. 엄마, 사랑해요."

이 땅에서 들려 드린, 나의 마지막 말이었다.

모든 것이 너무 순식간에 벌어진 일이라 어떤 것은 기억이 잘 나지 않는다. 야간 당직 간호사가 잠시 머뭇거리더니 자리를 떠나 데스크 쪽으로 이동했다. 나는 그분이 일할 것이 있어서 데스크로 간 줄 알았다.

나는 엄마와의 시간이 아직 좀 더 있다고 여겼다. 엄마 손을 잡고 엄마를 지켜보았다. 무엇인가 여태까지 느껴 보지 못한, 신비하면서도 무거운 기운이 감돌았다. 엄마는 마치 이제 막 결승선에 들어온 듯한 모습이셨다. 숨 가쁘게 달린 후, 경기가 채 끝나지 않은 듯한 기분이 가득 담긴 표정이셨다. 산고를 겪고 해산한 직후 같은 분위기라고나 할까. 그 이전에 보지 못했던 엄마의 특별한 표정을 한동안 물끄러미 보면서, 그렇게 엄마를 보내 드리고 있었다. 침묵만이 흐르고, 나는 아무 말도 할 수 없었다. 무슨 일이 생기고 있는 것인지, 아니면 이미 끝난 것인지 알 수 없었다. 엄마 얼굴만 한참 바라보았다. 2분이나 3분, 아니면 5분쯤 그렇게 멍하니 있었다.

그날 간호사는 이미 알고 있었다고 한다. 내가 엄마를 부르면서 엄마 얼굴을 감싸안다가 사랑한다는 말을 들려 드리던 그 순간, 간호사는 바이털 사인 측정기를 보았고 화면에는 평행선 세 줄이 떠 있었다.

나는 경황이 없어서 화면을 보지 못했다. 아니, 보지 못했던 것은 아니다. 정신을 차리고 보니 나는 그 화면을 사진으로 찍기까지 했었다. 그러니까 눈으로는 보았지만 머리로 깨닫기까지 시간 차이가 있었다고 하는 게 정확할 것 같다. 사람이 너무 큰 일을 당하면 이성적으로 사고가 안 되는 것 같다.

그 간호사는 이미 엄마가 임종하신 것을 알고 자리를 떠서 의사를 호출했던 것이다. 내게는 말해 주지 않고. 그런 알림은 의사의 역할이고 간호사는 하지 못하나 보다. 나는 한참 동안 엄마를 보다가 뭔가 느낌이 평범하지 않아서 간호사를 불렀다.

"간호사님 … 간호사님 … 저희 엄마 어떠신 거죠?"

이렇게 물었던 듯하다. 나는 그때까지도 상황을 파악하지 못했다. 엄마 얼굴은 주무시는 것 같으면서도 특별한 느낌과 평범하지 않은 분위기가 서려 있었는데 그것이 무엇을 의미하는지 나는 알아채지 못했다. 간호사가 대답해 주었다

"임종하신 듯합니다."

'아, 이렇게 가시는구나. 이렇게 나도 모르는 새, 내 곁을 떠나셨구나.'

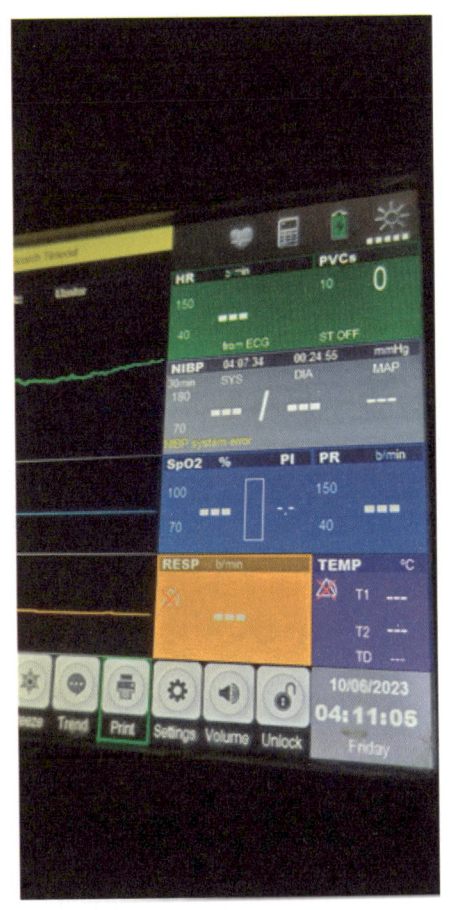

내가 엄마를 부르면서
엄마 얼굴을 감싸안다가
사랑한다는 말을
들려 드리던 그 순간,
간호사는 바이털 사인 측정기를 보았고
화면에는 평행선 세 줄이 떠 있었다.

본향으로

엄마는 바로 옆에 있던 나도 눈치채지 못할 만큼 고통 없이 평안하고 고요하게 임종을 맞으셨다. 마치 주무시는 엄마를 하늘의 천사가 내려와서 그대로 들어 올려 간 듯했다.

그날 엄마가 소천하실 때 나는 엄마 손을 잡고 있었고 엄마는 내 곁에서 임종하셨다. 너무 순식간에 생긴 일인지라, 지금도 꿈같고 실감이 안 난다. 삼일장을 치렀고 유해도 추모공원에 모셨건만, 자정을 넘긴 그 순간을 떠올리면 아직도 꿈만 같다. 엄마 얼굴을 감싸안고 운 것, "사랑해요"를 다급히 세 번 말씀드린 것, 동생들을 부른 것, 간호사를 부른 것 등이 일련의 꿈만 같다.

나중에 알고 보니, 그 야간 당직 간호사는 측정기 소리에 계속 귀 기울이고 있다가 심박수와 혈압에 대한 비상 알람이 울리는 것을 듣고 우리 엄마 쪽으로 온 것이었다. 정작 나는 엄마 옆에서 자느라 몰랐는데. 우리 세 자매는 그 후에 그 간호사를 가브리엘이라 불렀다. 하나님의 소식을 전해 준 가브리엘 천사처럼 나에게 중요한 소식을 알려 주었기 때문이다.

엄마는 그렇게 내 손을 잡으신 채, 내 사랑의 고백을 들으면서 숨을 거두셨다. 엄마가 에녹처럼 죽음을 보지 않고 하늘로 가신 것은 아닐까 하는 추측도 나 혼자 해 본다. 그만큼 조용히 주무시다가 떠나셨다. 너무나 조용히 떠나셔서 내 눈에는 구분이 잘 안 되었다. 주무신다고밖에 느껴지지 않았.

엄마는 그렇게 평소와 다름없이 주무시다가 고통 없이 하나님 품에 안기셨다. 향년 78세를 일기로. 2023년 10월 6일 0시 40분에.

그날 밤, 당직 의사가 간호사의 호출에 중환자실로 올라왔다. 엄마 가슴에 청진기를 대 보고 자신의 손목시계를 보더니 사망을 선고했다.

"공공 시 사십팔 분, 사망."

그는 마치 법정의 판사가 판결문을 읽는 것처럼 말했다. 또렷하고도 냉엄한 목소리로 엄마의 사망 사실을 알렸다. 엄마는 그 밤에 더 이상 고통도, 눈물도 없는 하나님 나라 천국 본향에 입성하셨다.

> 지혜 있는 자는 궁창의 빛과 같이 빛날 것이요 많은 사람을 옳은 데로 돌아오게 한 자는 별과 같이 영원토록 빛나리라 (단 12:3).

엄마는 우리를 옳은 데로 돌아오게 하는 사랑의 메신저였다. 정현, 윤정, 윤미 세 딸과 그 가정에게 살아 계신 하나님의 사랑이 어떤 색채와 어떤 농도인지를 보여 주셨다. 그 사랑을 맛보고 만져 보게 하셨다. 그렇게 엄마는 우리의 오감으로 하나님의 사랑을 경험하게 하시고, 78년간의 소풍을 마치셨다. 마침내 하나님이 계시는 천국 본향으로 돌아가셨다.

🌽 한 알의 밀알처럼

사랑하는 엄마를 통해 우리 세 자녀가 진정한 믿음의 길로 들어섰다. 사실 엄마는 내가 스물아홉 살 때 교회에 처음 나가셨다. 우리 가족 중에서 제일 늦게 예수님을 믿은 것이다. 그러나 엄마는 교회 출석 시기와 관계없이 당신의 삶으로 예수님의 사랑을 소리 없이 전해 주셨다. 우리 세 자매는 엄마가 우리에게 보여 주신, 그 조건 없는 사랑을 통해 하나님의 사랑을 배웠다. 눈에 보이지 않는 하나님의 사랑을 어떻게 알 수 있으랴. 엄마가 온

몸과 마음을 바쳐, 우리에게 일평생 쏟아부어 주신 사랑이 그것을 가능케 했다. 우리가 호흡하는 모든 순간순간, 엄마가 베풀어 주셨던 그 큰 사랑. 이제는 다시 경험할 수 없는, 형용 못할 큰 사랑. 그 깊고 진하며 풍성한 사랑이 우리의 온몸과 영혼에 체득되어 그것을 가르쳐 주었다.

엄마는 마치 당신의 삶은 없는 것처럼 살다 가셨다. 때로는 이해 안 될 만큼 희생적인 사랑으로 우리를 품어 주고 섬겨 주셨다. 한 알의 밀알처럼, 한 자루의 양초처럼 그렇게 살아간 존귀한 영혼이시다. 한 알의 밀알이 땅에 떨어져 죽음으로써 많은 열매를 맺듯, 한 자루의 양초가 자기 몸을 녹여 어둠을 밝히는 빛을 발하듯 엄마는 그렇게 사셨다. 당신의 온 생애를 가족을 위해 희생과 헌신으로 살아 내심으로, 우리 세 자녀를 이 땅의 교사로 길러 내셨다.

우리는 살면서 부모님으로부터 단 한 번도 돈을 많이 벌라든가 명예와 권력을 가지라든가 하는 말씀을 듣지 못했다. 두 분은 그저 '훌륭한 사람'이 되라고 말씀하셨다. 그리고 우리가 하는 모든 것을 믿어 주셨다. 우리 각자가 가진 재능과 소질을 진심으로 존중하고 전적으로 믿어 주셨다.

엄마가 말씀하신 훌륭한 사람은 어떤 사람이었을까?

그 의미를 설명해 주신 적은 없다. 그러나 입으로는 말하지 않았어도 엄마의 삶이 그것을 말씀해 주셨다.

> 훌륭한 사람은 나를 사랑하고, 내 삶을 사랑하는 사람이란다.
> 지금을 소중히 여기고 최선을 다하는 사람이지.
> 또한, 이웃을 섬기고, 나보다 남을 낫게 여기며, 교만하지 않은 사람이야.
> 너희는 정의를 위해 용기를 내고, 낮은 자를 위해 낮아져라.
> 그리고 선한 영향력으로 주변을 복되게 하길 바란다.

엄마의 삶이 그 가르침대로 사는 표본이었고 교과서였다. 나는 엄마처럼 살 자신은 없다. 엄마처럼 위대한, 향기 나는 엄마가 될 능력이 내게는 없다. 그러나 본받으려 한다. 그 흉내만 내더라도 좋은 엄마가 될 것임을 안다.

내가 어릴 때, 아마 일곱 살쯤 되었을 때로 기억한다. 엄마는 방문판매하러 온 외판원으로부터 유명한 책 소개를 듣고 자연과학 전집 열두 권을 거금을 주고 들여놓으셨다. 〈재미있는 자연학습문고〉라는 제목의 학습 만화 시리즈였다. 이제 막 한글을 뗀 나에게는 미지의 탐험과도 같은 신세계였다. 어찌나 재미있던지 그 책들을 밤낮 읽고, 또 읽었다. 그 덕분에 나는 전집을 섭렵하면서 과학 상식을 풍부히 쌓고 학교에 입학했다. 정말 행운이었다.

그때의 그 독서 경험은 나의 학창 시절을 공부와의 행복한 동행으로 이끄는 자양분이 되었다. 내게 공부는 즐거움이고 매력적인 과제였다. 배움이 행복했고, 배운 것을 내 것으로 만들어 가는 학습의 과정에 시간 가는 줄 몰랐다. 개념을 정리하고 문제를 풀이하며 암기하는 시간을 즐겁게 보냈다. 그렇게 나는 공부를 놀이처럼 여기면서 성장했다.

나는 엄마가 입학 전에 사 주신 학습 만화 열두 권의 힘이 있음을 확신한다. 그 책 속에 담긴 바다, 동물, 식물, 우주 등 하나님께서 창조하신 미지의 자연 세계는 내게 자연에 대한 흥미, 탐구에 대한 도전, 희열 그리고 경이로움까지 불러일으켰다. 나는 엄마가 사 주신 책을 통해 배운다는 것과 알아 간다는 것이 얼마나 즐거운 일인지 알게 되었다.

과학 외에도 나는 미술을 좋아했고 잘했다. 그런 나를 위해 엄마는 미술 대회 전날이면 화구를 손수 가지런히 챙겨 주셨다. 심지어 수채화 붓의 물을 빨아들이는 수건도 미리 세탁하여 보송보송하게 말려서 가지런히 개어 나의 화구 가방에 넣어 주시곤 했다. 파란색 바이어스 천이 둘린 연갈색 화구 가방에는 노란 해바라기가 그려져 있었는데 지금도 생생하게 기억난다. 화구 가방을 떠올릴 때면, 마음이 따뜻해지고 언제나 행복하다. 그 기억은 나의 입가에 미소를 짓게 하는 사랑으로 가득 차 있다. 엄마는 나를 전심을 다한 사랑으로 보살펴 주셨다. 엄마의 사랑과, 학습을 뒷바라지해 주신 은혜를 기억나는 대로 써 내려가도 금방 여러 권의 책이 될 것이다.

우리 엄마, 나의 사랑하는 어머니 강병희 집사님은 이 땅에 보내 주신 하나님의 사랑 그 자체셨다.

> 내가 진실로 진실로 너희에게 이르노니 한 알의 밀이 땅에 떨어져 죽지 아니하면 한 알 그대로 있고 죽으면 많은 열매를 맺느니라 (요 12:24).

그 밤에 야간 당직 간호사가 성실하게 책임을 다한 덕분에 나는 사랑하는 엄마의 임종을 지킬 수 있었다. 주님의 큰 선물을 받았고 은혜를 입었다. 가브리엘 천사 같은 고마운 간호사 선생님에게 진심으로 감사하다.

그분이 나를 깨운 때부터 엄마가 숨을 거두시기까지 1-2분이 채 안 걸린 듯하다. 아마 30초쯤 되는 것 같다고 그분은 말하기도 했다.

그날은 내가 존경하던 우리 교회 원로목사님의 5주기 기일이 하루 지난 날이기도 했다. 나는 엄마가 왠지 10월에 떠나실 것 같다는 생각을 하기도 했었다. 엄마께 문병을 가면서 가끔 생각하곤 했다.

'이렇게 문병 가는 일상이 과연 언제까지 가능할까?'

그 끝이 이렇게 다가올 줄은 몰랐다. 이렇게 빨리, 이런 방식으로 느닷없이, 그리고 조용히 나도 모르게.

🌱 마지막 양치를 해 드리고

엄마의 임종 소식을 듣고 막냇동생과 제부, 남편이 병실로 왔다. 우리는 엄마를 같은 병원 처치실로 옮겼다. 엄마의 얼굴이 변해 갔다. 조금씩, 그러나 확실히.

막냇동생은 엄마께 마지막 양치를 해 드렸다. 그 일은 언제나 우리 막내의 담당이었다. 엄마의 입안 구석구석을 시원하고 아프지 않게 닦아 드리는 것에는 막냇동생을 따라올 사람이 없었다.

큰동생이 도착했는데 문 앞에서부터 가슴을 쥐어뜯고 오열하면서 들어왔다. 큰동생이 울면서 말했다.

"엄마 뵈러 주일에 오려고 했는데 …."

엄마는, 아니 하나님은 그 시간을 기다려 주지는 않으셨다.

하나님의 시간표에 하나님께서 친히 하신 일을 우리가 감히 무엇이라고 하랴?

주님이 엄마를 위해 가장 선한 일을 그분의 최선의 시간에 행하셨음을 믿는다.

상조 회사 직원들이 엄마를 운구하러 오기 전, 나는 문득 엄마가 다시 일어나실지도 모른다는 생각이 스쳤다. 의사가 오진했을 수도 있다는 생각이 들었다. 나는 의사를 다시 만나 엄마가 돌아가신 것이 정말 맞는지를 재차 확인했다. 그분은 다소 황당한 듯한 표정으로 "사망하셨습니다"라고 단호히 말했다. 나도 모르지 않았다. 그러나 다시 확인하고 싶었다. 의사와 대화를 마치고 엄마께로 다시 가려는데, 상조 회사 직원들이 와서 우리 엄마를 흰 천으로 덮고 운구해 갔다. 그렇게 엄마의 장례식이 시작되었다.

장례식

삼일장을 치렀다. 2023년 10월 6일 저녁에는 담임목사님이 주관하시는 위로예배를 드렸고, 7일과 8일 오전에는 교구 목사님 두 분이 각각 입관예배와 발인예배를 진행해 주셨다. 많은 친지와 성도들이 조문을 왔다. 감사했고 위로가 되었다.

친척 어른들의 권면으로 우리는 봉안묘(시신을 화장하여 그 유골함을 대리석으로 제작한 석조물의 내부에 봉안하는 묘 양식)를 하기로 결정했다. 장소는 우리 교회 7교구장님과 3교구장님의 도움으로 의정부에서 멀지 않은 Y 추모공원으로 정했다.

장례 첫날은 정신없이 조문객을 맞이했고, 둘째 날은 입관하면서 엄마께 온 가족이 인사를 드렸다. 엄마를 모실 새 관에 내가 매직펜으로 크게 이름을 썼다. 오래전에 꾼 꿈이 생각났다.

나는 아들이 네 살, 딸이 두 살이었을 때 한 아이는 업고 한 아이는 손을 잡아 이끌면서 새벽예배와 금요 철야예배를 다녔다. 신실하신 주님이 인도하고 도우셔서 신앙생활을 잘할 수 있었다. 아이들은 너무 사랑스럽고 귀했지만, 나는 어린 두 자녀를 돌보느라 육체적으로 매우 힘들기도 했다. 그래서 더욱 하나님을 간절히 찾고 또 찾았다.

그때 하나님이 꿈으로 많이 깨닫게 하셨다. 그 시절에 평생 잊히지 않는 꿈 몇 가지를 꾸었는데, 그중의 하나가 입관과 관련된 것이었다. 그때는 당시 다니던 교회에서 제자훈련을 받으면서 한창 성령 충만할 때였다. 하나님께서 깊이 만나 주시던 시간이었다. 하나님은 항상 함께하시지만 우리가 더욱 간절히 사모하면 더 친밀하고 깊게 만나 주시는 것이 맞다.

> 나를 사랑하는 자들이 나의 사랑을 입으며 나를 간절히 찾는 자가 나를 만날 것이니라 (잠 8:17).

꿈에서 투명한 비닐로 깨끗하게 포장된 관들이 큰 방에 즐비하게 놓여 있었다. 족히 열 개 이상은 돼 보였다. 그 관들은 아직 뜯지 않은 새 제품이었다. 나는 꿈이었음에도 이런 생각을 하면서 잠에서 깼다.

'언젠가는 저 포장을 뜯고 사용할 날이 누구에게든지 있겠구나!'

그때의 꿈은 그 후로도 종종 생각나면서 나를 겸손하게 만들었다. 나는 그 꿈이 떠오를 때면 비록 내가 살아가는 현실은 땅일지라도 영혼이 돌아갈 곳은 천국 본향임을 다시금 되새기며 나의 시민권이 하늘에 있음을 기억하곤 했다.

> 그러나 우리의 시민권은 하늘에 있는지라 거기로부터 구원하는 자 곧 주 예수 그리스도를 기다리노니 (빌 3:20).

그런데 그날 내 눈앞에서 바로 그 꿈의 장면이 펼쳐진 것이다. 상례지도사는 내게 유성 매직펜을 건네주면서 엄마가 입관할 관에 이름을 쓰게 했다. 가족을 대표해서 장녀로서. 18년 전, 내 나이 삼십 대 초반에 꾸었던 그 꿈의 장면대로 새 관이 놓인 곳에서.

입관 전, 나는 엄마의 차가운 입에 입맞춤하고 두 눈에도 입맞춤했다. 이미 천국에 입성하셔서 엄마의 영혼은 몸을 떠나셨다. 하지만, 그 귀한 몸으로 일평생 살면서 진정한 사랑이 무엇인지를 몸소 보여 주신 엄마께 입맞춤으로 작별 인사하고 싶었다. 엄마의 손과 발, 두 눈과 귀, 코와 입술을 통해 심장의 박동이 멈추는 순간까지 사랑을 주고 떠나신 엄마께 마지막 인사를 드렸다.

엄마는 포장을 뜯은 새 관에 누우셨다. 그렇게 새 관의 주인이 되셨다.

엄마의 입관을 보면서 많은 생각이 들었다. 관에 누운 모습이 바로 훗날 나의 모습이고 우리 모두의 모습임을 깨달았다. 그날에 후회하지 않도록 이 땅을 살면서 정말 생명 다해, 호흡의 마지막 순간까지도 주님처럼 사랑하고 주님을 전해야겠다고 생각했다.

우리에게는 이 땅이 전부가 아니라 하나님 나라 영원한 천국 본향이 있다는 사실을, 그곳으로 우리를 인도하시려고 예수님이 우리를 위해 십자가에서 죽으셨다는 진실을 전하는 가치 있는 인생이 되고 싶다.

> 말하는 자의 소리여 이르되 외치라 대답하되 내가 무엇이라 외치리이까 하니 이르되 모든 육체는 풀이요 그의 모든 아름다움은 들의 꽃과 같으니 풀은 마르고 꽃이 시듦은 여호와의 기운이 그 위에 붊이라 이 백성은 실로 풀이로다 풀은 마르고 꽃은 시드나 우리 하나님의 말씀은 영원히 서리라 하라 (사 40:6-8).

사랑의 최고봉은 무엇일까?

이 땅의 좋은 것을 누리도록 전하는 것도 좋으나, 진정한 사랑의 완성은 그 영혼이 잘되도록 돕는 것이라 믿는다.

누군가가 죽은 후 눈 뜬 곳이 지옥이 아니라 천국이기를 진정 바라는 것, 실재하는 영원한 천국에서 사랑하는 이를 만나도록 피 묻은 예수님을 전하고 알리는 것, 그것이 사랑의 완성임을 엄마를 보내 드리면서 더욱 알게 되었다.

🌸 그리운 엄마, 천국에서 다시 만나요

　엄마가 돌아가신 후, 우리 세 자매는 엄마의 유해를 안치한 추모공원에 가서 예배를 드렸다. 엄마는 비록 우리 곁에 더 이상 계시지 않지만, 우리는 다시 만날 것을 안다. 훗날 영원한 천국 본향에서.
　그날에 엄마는 위루관을 달지 않으시고, 기관 절개도 하지 않으시며, 입술에 상처도 없으시고, 무엇보다 두 발로 힘차고 우아하게 걸어 오셔서 두 팔 벌리고 나를, 우리를 안아 주실 것이다.
　엄마를 다시 만난다는 이 소망이 얼마나 값지고 기쁨이 되는지 모른다.

> 그 열두 문은 열두 진주니 각 문마다 한 개의 진주로 되어 있고 성의 길은 맑은 유리 같은 정금이더라 성안에서 내가 성전을 보지 못하였으니 이는 주 하나님 곧 전능하신 이와 및 어린양이 그 성전이심이라 그 성은 해나 달의 비침이 쓸데없으니 이는 하나님의 영광이 비치고 어린양이 그 등불이 되심이라(계 21:21-23).

> 그가 낙원으로 이끌려 가서 말로 표현할 수 없는 말을 들었으니 사람이 가히 이르지 못할 말이로다(고후 12:4).

　천국이 얼마나 아름답기에, 바울 사도가 가히 말로 표현할 수 없다 했을까?
　2023년 10월의 어느 가을날, 나는 변두리 작은 농막에서 엄마의 유품을 정리하고 황금 들녘을 바라보며 주님께 기도를 올려 드렸다.

이 세상 언어로 감히 표현할 수 없는 아름답고 완전한 천국으로,
낮이나 밤이나 항상 빛이 있어서 더 이상 해와 달이 필요 없는
그 영원한 생명의 나라로 엄마를 이끄신 나의 하나님, 나의 주님을
경배합니다!
마라나타!
주 예수여, 오시옵소서!

마치는 글

이 책은 의정부교육지원청에서 진행한 교원 연수를 계기로 쓰게 되었다. 당시 나는 엄마의 장례를 치르느라 모든 일정에 참석하지는 못했는데도 담당 장학사님의 배려로 책 만들기 프로젝트에 동참할 기회를 얻었다. 필력이 부족하나마, 엄마가 천국에 가신 2023년의 여정을 기록으로 남기고 싶었다. 놓치면 다시 오지 않을 기회 같았다.

엄마를 떠나보내고 먹먹한 가슴은 아직 여전하지만, 이 책을 쓰면서 많이 위로가 되었고 그 기막힌 시간을 돌아볼 수 있는 기회를 갖게 되어서 감사하다. 그리고 책을 쓴다는 것은 특별한 재능이 있는 사람에게만 가능하다고 여겼는데, 나처럼 평범한 사람도 그리할 수 있다는 사실에 감사하디.

처음에는 우리 세 자매에게 너무나 소중한 사랑하는 엄마가 이 땅에 남긴 발자취를 기록해 두고 싶은 마음에서 시작했는데, 쓰다 보니 매 순간 하나님께서 함께하셨음을 깨달았다. 보는 것을 하나님의 시간표대로 사랑과 은혜 가운데 이끄신 섬세한 손길을 느끼지 않을 수 없었다. 특히, 엄마의 마지막 가시는 길을 위해 세 가지를 기도했었는데 정확하게 응답하신 하나님의 은혜에 감사드린다. 덥지도 않고 춥지도 않은 때, 주무시다가 고통 없이 천국에 입성하게 하시고, 자녀가 임종을 지키게 해 달라고 기도했었다.

더욱이 엄마를 모신 Y 추모공원이 위치한 산자락이 내 아들이 중학생 때 열중하던 MTB의 코스임을 알고 다시 한번 하나님께 감사드렸다. 그때 갑자기 상을 당하고 가족 모두 경황이 없어서 장례 중에 큰동생과 조카, 내 아들만 가서 그 추모공원을 답사했었다. 나는 나중에서야 아들이 한창 성장할 때 산악자전거로 넘나들던 산자락에 엄마의 유해를 모시게 된 것을 알게 되었고, 여호와 이레의 하나님을 찬양하지 않을 수 없었다.

원고를 쓸 수 있도록 격려해 준 사랑하는 남편 손대중 집사와 언제나 엄마를 응원하는 고맙고 소중한 아들 제민이와 딸 지영이, 부모님의 가장 귀한 선물인 보석 같은 내 동생 윤정이와 윤미에게 이 자리를 빌려 진심으로 고맙다고 말하고 싶다.

또한, 그 엄청난 9년의 고난 속에서도 한결같이 아내를 사랑하고 함께 수고한 고마운 큰 제부 양수영 집사와 막내 제부 서완철 집사에게도 진심으로 감사하다.

힘든 시기였는데도 믿음 안에서 잘 자라 준 착하고 사랑스러운 조카들 승민, 승규, 승현 그리고 엄마가 사랑으로 키워 주신 넷째 딸과도 같은 다현이와 막내 손주 주현이에게도 사랑한다고 말하고 싶다.

엄청난 쓰나미 같은, 우리 힘으로는 감당하기 불가능했던 그 고난의 터널 속에서 엄마를 위해, 우리 가정들을 위해 사랑의 기도로 응원하고 격려해 주신 소중한 믿음의 교우들께도 진심으로 감사드린다. 그분들의 중보기도와 사랑이 없었다면 이 일은 한 가정의 비극이요 아픔으로만 끝날 뻔했다. 앞으로 살아가면서 우는 자와 함께 울고 외로운 자의 손을 잡아 주는 사랑의 실천자로서 그 사랑의 빚을 조금씩 갚아 나가고 싶다.

지금 어디에선가 사랑하는 가족의 임종을 맞이해야 할 누군가가 많이 슬프고 막막하다면 이 책을 통해 작은 위로와 힘을 얻으면 좋겠다. 내게 그런 책을 읽을 기회가 있었다면 참 좋았을 텐데, 안타깝게도 나는 그런 책을 만나지 못했다. 사실 가족의 투병을 오래 지켜보고 먼저 떠나보낸 아픔만 생각한다면 굳이 끄집어내어 세상에 나타내고 싶지 않지만, 내게는 믿음이 있어서 이 땅이 전부가 아님을 알기에 용기 내어 이 책을 세상에 내놓으려 한다.

나는 본래 글재주가 미흡한 사람인데 무슨 힘이 있어서 이 책을 썼는지 모르겠다. 이 책은 엄마가 돌아가시고 유품을 정리한 후, 말할 수 없는 그리움과 허전함 속에서 혼신의 힘을 다해 썼다. 쓰기는 내가 썼지만 주님의 도우심 속에 썼음을 나는 안다.

이 책은 2023년 가을에 3주 동안 써서 완성한 초고를 세상에 내놓기 위해 다시 다듬어서 완성했다. 지극히 개인적인 가족사와 타인들의 개인 정보에 관한 내용을 수정하고 어떤 부분은 내용을 추가했다. 주중에는 직장 근무를 하고 주말에는 교회에서 제자훈련 간사로 섬기는 바쁜 일정을 쪼개어 틈틈이 했기에 쉽지 않았다. 처음의 글쓰기보다 이미 완성된 내용을 다시 다듬는 일이 더 힘들었다.

만약 이 책에 일상의 일반적인 내용을 담았다면, 나는 부족한 글재주가 부끄러워 다른 이들에게 보여 주기 꺼렸을 것 같다. 그러나 이 책 속에 담긴 특별한 기록이 어디엔가 있을 그 누군가에게는 의미 있으리라 여기고 용기 내어 세상에 보낸다. 부디 이 기록이 민들레 홀씨처럼 날개를 달아, 사랑하는 이의 아픔 앞에서 가슴 태우고 절망하는 이들에게 위로를 주며 살아 계신 하나님을 만나는 통로가 된다면 더할 나위 없이 기쁘겠다.

내가 많이 사랑한 우리 엄마, 나의 그 사랑보다 더 크신 사랑으로 나를 길러 주신 우리 엄마가 너무나 그립다. 하늘나라 본향에 가면 뵐 수 있음에 나는 그날을 기대한다.

하나님의 도우심이 있었기에 이 책 집필이 시작부터 끝까지 가능했음을 인정하며 이 고백을 끝으로 글을 마치려 한다.

"주님이 하셨습니다. 주님, 감사합니다."

부록 1

큰동생의 글

엄마의 둘째 딸 김윤정

  사랑하는 엄마를 보내 드린 지 벌써 1년이 넘었다. 엄마가 이 세상을 떠나셨다는 것이 가끔 실감나지 않는다.
  아버지를 뵈러 의정부를 오가면, 엄마의 긴 투병 생활이 기억난다. 나는 엄마가 그렇게 고생하시며 이 땅에 계실 때에도 마음이 아파 눈물을 흘렸는데, 이제는 연약힌 모습으로라도 계셔 주셨던 엄마의 빈자리가 너무나 크게 느껴져 마음이 텅 빈 것 같고 하나님을 의지하며 버텨 왔던 그 시간이 떠올라 또 눈물짓는다.
  엄마가 소천하신 후 언니는 엄마와의 마지막 1년을 책으로 남기겠다고 했다. 때마침 교육지원청에서 진행한 교원 책 쓰기 연수가 있었기 때문이기도 하다. 하나님의 타이밍은 참 기막히다. 그때 그 시기에 책 쓰기 연수가 딱 있었다니 …. 마치 하나님께서 엄마와 함께한 이 땅에서의 마지막 시간을 기록하라고 선물로 주신 것 같았다.

그런데 문제가 있었다. 연수 일정상 언니는 짧은 시간 안에 글을 마무리해야 했다. 단 3주 만에, 믿음으로 버텨 온 그 눈물의 만 8년을 어찌 기록한단 말인가. 그러나 언니는 열심을 냈고, 그냥 두었으면 기억 속으로 희미하게 사라져 버렸을 마지막 일 년, 떠나시기 한 달, 한 주, 하루 전의 생생했던 기억을 글로 담아냈다. 참으로 귀하다.

하나님이 아니었으면, 엄마가 쓰러지신 후 보낸 시간은 빨리 잊혔으면 싶은 고통과 힘겨움의 시간일 뿐이었을 것이다. 그러나 광야에 길을 내시고 사막에 강을 만드시는 하나님께서는 그 힘겹고 고통스러운 시간을 통해 새로운 소망을 품게 하셨고, 믿음으로 그 시간을 버텨 내게 하셨다.

2015년 10월 14일 자정이 가까운 시간, 언니로부터 전화가 왔다. 밤늦은 시각에 무슨 일인가 싶어 의아해하며 전화를 받았는데, 자고 일어나면 꿈이면 좋을 듯한 그런 일이 일어났다는 비보를 들었다.

엄마가 뇌출혈이 발생하고도 너무 오랜 시간이 경과되어서 수술하고 깨어나셔도 식물인간이 될 것이라는 청천벽력 같은 의료진의 말을 듣고, 우리는 수술 동의서에 유선상으로 동의한 후 엄마가 계신다는 병원으로 정신없이 향했다. 그날 새벽, 그때 그렇게 우리는 건강했던 엄마와의 시간을 마쳤고, 엄마의 기나긴 투병 생활이 시작되었다.

참으로 힘겨운 시간이었다. 나는 엄마가 일어나서 걸어 다니시는 꿈을 수없이 꾸었다. 너무 생생해서 실제인 줄 알았던 적도 많다. 언니는 엄마가 1-2년 내에 회복되실 거라고 믿음으로 선포하며 수년 뒤의 간병비를 고민하는 나를 위로하고 격려했지만, 투병의 시간은 2년을 훌쩍 넘겨 만 8년이 되었고, 엄마는 쓰러지신 지 만 8년이 되는 날을 8일 남겨 두고 하늘나라로 가셨다.

엄마가 쓰러지신 후 나는 엄마의 재정 관리를 위해 성년후견인 신청을 했다. 엄마가 얼마나 위중하고 의식 없이 누워 계신 사지 마비의 환자인지를 밝히는 진술서와 각종 서류를 준비하며 애써 외면하고 싶은 현실을 깨달으며 한없이 울었었다.

엄마의 투병 생활을 지켜보며 겪었던 상심과 어려움을 어찌 다 나열할 수 있을까. 말도 못하고 누워만 있는 엄마가 손발이 붓고 열이 나고 끙끙 앓는 소리를 하실 땐 도대체 무엇이 문제인지 알 수 없어 엄마를 모시고 종합병원으로 달려가기를 수없이 했다.

엄마는 간병인이 실수로 따뜻한 떡을 엄마 어깨 부근에 놓아 두는 바람에 저온화상을 입어 치료를 받느라 몇 달을 고생하셨고, 언제인지도 모르게 팔이 골절되었지만 수술받을 체력이 안 돼 그냥 골절된 채로 뼈가 아물기만을 기다리신 적도 있었다.

그렇게 6년쯤 시간이 흐르자 엄마를 모시고 종합병원에 달려가는 것이 꼭 엄마에게 최선이 아니라는 생각이 들기 시작했다. 응급실에 입원하여 치료를 받고 며칠 후에 퇴원하여 나오신 엄마는, 입안에는 산소마스크를 끼우기 위해 억지로 삽관을 해서 생긴 상처로 피딱지가 붙어 있었고, 산소마스크 없이는 산소포화도 90 이상을 유지할 수 없는 상태가 되어 있곤 하셨다.

종합병원 응급실 의료진은 산소마스크 없이는 엄마가 금방 돌아가실 것처럼 여기고 무조건 산소마스크를 씌웠다. 그곳에서 엄마는 더욱 혈색을 잃곤 하셨다. 그분들은 의사로서 본분을 다했겠지만, 자녀로서는 엄마를 익숙한 간병인이나 자녀로부터 분리된 낯선 응급실에서 홀로 차가운 병상에 누워 계시게 하는 게 과연 엄마에게 더 나은 일인지 의심이 들었다.

어느 날 병치레로 또 종합병원에 입원하여 퇴원하신 엄마는 산소마스크를 떼기까지 1년이 넘는 시간을 보내셔야 했다. 그날 이후로 우리는 웬만해서는 다시 또 종합병원 응급실로 달려가지 않으리라 다짐했다.

엄마는 사지 마비로 말씀도 못하고 누워만 계셨지만 의식이 없는 것은 아니셨다. 눈의 깜박임과 표정으로 반응하셨고, 설교를 들려 드리면 때로는 상기된 표정으로 숨을 가쁘게 쉬기도 하셨다. "아멘"이라고 대답하시는 소리를 들은 적도 있었다. 엄마를 더 많이 찾아뵌 언니와 막냇동생에게는 더 풍성한 소통이 있었다. 엄마는 기분이 좋으실 땐 옅은 미소까지 띠며 우리를 감동시켜 주셨다.

그때 엄마는 침대에 누워서 얼마나 힘드셨을까?

엄마는 평생 자신이 아닌 남을 위해 살아가셨다. 사지 마비로 침대에 누워 계신 동안에도 엄마는 딸들을 위해, 눈을 떠 달라는 딸들의 그 간절한 바람에 답하기 위해 힘겹게 눈을 떠 주시고 웃어 주시고 고개를 끄덕이기도 젓기도 하시고 때로는 말씀도 해 주시며 우리와 소통하셨고 우리 곁을 지켜 주셨다.

2023년 8월, 엄마를 오래 간병해 온 경자 이모가 중국으로 들어가야 한다고 했다. 새로운 간병인을 구해야 하는 상황에서 나는 엄마를 요양원에 모셔 보자고 했다. 애초에 엄마가 개인 간병인의 돌봄을 받으며 재활병원에서 지내시는 기간을 2년 정도로 예상했었다. 그런데 그 시기를 훌쩍 넘겨, 엄마는 9년째 병원 생활을 하고 계셨다.

사람들은 요양원에 가셔도 된다고, 오히려 병원보다 더 나을 수 있다고 했었다. 요양원 직원이 다들 베테랑이고 잘 돌봐 드릴 것이라 했었다.

사람들은 왜 그렇게 이야기했었을까 …?

요양원과 요양병원, 가정 간병 사이에서 수없이 고민하고 21일 작정 금식기도까지 하며 우리는 하나님의 뜻을 구했지만 뚜렷한 답을 얻을 수가 없었고, 언니와 나는 요양원 답사 끝에 엄마를 매일 찾아뵐 수 있는 A 요양원으로 전원하기로 했다.

그날이 2023년 7월 25일이다. 이날 이후 다시 M 요양병원 803호로 복귀한 9월 25일까지 두 달 동안 얼마나 많은 일을 겪었는지 모른다. 엄마는 요양원에 계실 수 있는 분이 아니었다. 공동 간병으로 돌봐 드릴 수 있는 분도 아니었다. 엄마는 밀착해서 엄마만을 돌봐 드리는 개인 간병 체제에서 병원에 계셔야만 안전하게 생명을 유지할 수 있는 상태이셨던 것이다.

우리는 그 사실을 깨닫고 서둘러 다시 엄마를 병원으로 모셔 왔고 좋은 개인 간병인까지 구해 놓았는데, 엄마는 803호로 복귀하실 시점에 폐렴이 시작되고야 말았고, 그것이 엄마의 직접적인 사인이 되었다.

돌이켜 보면 여한이 남는다. 경자 이모가 떠나신 후 좋은 개인 간병인을 바로 구해 드렸더라면 괜찮지 않았을까, 두 달간의 요양원과 공동 간병 생활이 엄마에게 얼마나 힘겨우셨을까, 아무리 우리가 하루가 멀다고 찾아뵈었지만 엄마가 받아야 할 돌봄에 공백이 있지 않았을까, 왜 남들은 요양원도 괜찮다고 이야기했던 것일까 등등 여러 가지 생각이 들었다.

그러나 한편으로는 이 또한 하나님의 타이밍이 아니었을까 싶다. 엄마는 나날이 쇠약해지셨다. 담도염, 방광염, 골절, 위험한 수위의 저나트륨혈증 등을 겪으셨다. 눈물 없이는 엄마의 형편을 다른 사람과 나눌 수가 없었다. 하나님께서는 그래도 우리가 엄마를 보내 드릴 준비가 되었을 때, 평온한 모습으로 엄마를 천국에 데려가신 것이 아닐까 생각한다.

우리가 엄마를 돌봐 드린 것이 아니라 엄마께서 우리 곁에 계셔 주셨던 것이다. 하나님께서 가장 좋은 타이밍에 엄마를 천국으로 불러 가신 것이리라.

9년의 고난이 엄마에게는 어떤 시간이었을까?

지금은 잘 모르겠지만, 천국에 가서 엄마를 만나면 여쭤 보고 싶다. 그 시간이 엄마에게 어떤 의미를 갖는 것이었는지. 오로지 하나님만 바라보게 되는 천국의 자녀로 거듭난 시간이었는지를.

엄마가 누워 계신 9년 동안, 사실 너무 마음이 힘들었다. 엄마를 회복시켜 달라고 기도하는데, 엄마가 일어나시고 회복되시는 게 요원해 보였다. 회복은커녕 엄마의 몸 상태는 나날이 더 안 좋아지고 있었다. 무엇을 어떻게 기도해야 할지, 하나님께서는 이 고난의 시기에 무엇을 하고 계시는지 알 수 없었다.

그러나 언니는 비현실적으로 엄마의 회복을 선포했으면서도, 또 가장 현실적으로 엄마의 마지막을 직감하고 엄마의 임종을 지킨 사람이다. 나는 현실적인 시선으로 엄마의 몸 상태가 회복되기 어려울 것을 알고 때로는 낙담했으면서도 가장 비현실적이게도 엄마에게 이 땅에서의 마지막 순간이 왔음을 예측하지 못했다. 그래서 엄마가 하늘나라로 가셨다는 소식을 듣고 청천벽력 같은 소식에 오열한 것이리라.

엄마의 고난은 해석되지 않는 부분이 많지만, 엄마가 하늘나라로 가시는 길에는 하나님께서 많은 은혜로 우리와 동행하셨다. 하나님은 여러 가지 말씀으로 우리를 위로해 주셨고 엄마의 소천이 주님의 뜻 가운데 있음을 알려 주셨다.

특히, 하나님께서는 엄마가 이 땅에서 지낸 마지막 2주를 딸들과 오붓하게 보낼 수 있도록 선물처럼 허락하셨다. 그리고 장례를 마친 후에는 마치 곁에 앉아 나를 위로하시듯 큰 은혜를 주셨는데, 그중 두 가지만 나누고 싶다.

장례를 마치고 집에서 쉬고 있는데, 평소 묵상을 나누는 단톡방에 나의 상황에 딱 맞는 묵상 말씀이 올라와 있었다. 엄마가 소천하신 날인 2023년 10월 6일에 올라온 묵상 말씀의 제목은 〈하나님, 사람이 살고 죽는다는 게 무엇입니까?〉였다.

그 말씀을 적용해 보았을 때 핵심은, 우리가 엄마를 가까이 두고 싶은 만큼 하나님도 엄마를 가까이 두고 싶으시다는 것이었다. 그리고 주변 곳곳에서 죽음을 볼 때 그것이 끝이 아니라 새로운 시작임을 믿고 살아가라, 우리 자신의 죽음도 두려움이 아니라 담대함으로 맞이하라는 메시지였다.

예수께서 이르시되 나는 부활이요 생명이니 나를 믿는 자는 죽어도 살겠고 무릇 살아서 나를 믿는 자는 영원히 죽지 아니하리니 이것을 네가 믿느냐(요 11:25-26).

그리고 엄마가 소천하신 후 그다음 주 주일 아침에 꿈에서 엄마를 보았다. 엄마는 어떤 색인지 형언할 수 없는 빛을 내는 한복을 입고 계셨다. 흰빛도 아니고 무지갯빛도 아닌, 밝은 빛을 내는 한복이었다. 그렇게도 보고 싶었던 엄마는 두 눈을 동그랗게 크게 뜨고 온화한 표정으로 묵묵히 나를 바라보셨다. 꿈이 너무도 선명했다.

나는 그날 엄마를 꿈에서 뵙고 왠지 모를 설렘을 안고 주일예배에 참석했다. 장례를 마치고 오랜만에 본 교회에 가서 예배를 시작하며 본당의 천장을 바라보다가 탄성이 절로 나왔다. 형형색색 밝은 자연광을 표방한 천장의 조명이 바로 엄마가 입고 계셨던 한복의 색과 정확히 일치했다.

그때의 감격을 어찌 말로 표현할 수 있으랴!

하나님께서는 천국에 계신 엄마를 장례 후 첫 주일 아침 꿈을 통해 내게 보여 주셨다.

이제 엄마는 고통도 없고 아픔도 없는 천국에서 하나님 곁에 계신다. 우리도 언젠가 돌아갈 본향인 천국에. 비록 엄마는 이 땅에서의 마지막 9년을 육신의 고통 가운데 보내셨지만, 이제는 빛나는 옷을 입고 하나님 곁에 계신다.

이 땅에 남아 있는 나도 마지막 순간을 맞이할 것이다. 엄마처럼. 두려움이 아닌 담대함으로, 천국의 하나님 곁으로 간다는 환희로 마지막 순간을 맞이할 것이다.

비록 엄마가 겪은 고통의 의미에 대해 우리가 아직 다 해석하지 못했고, 우리의 간절한 기도대로 응답된 것은 아니지만, 하나님께서는 고난의 시간에 엄마를 홀로 내버려두지 않고 함께 아파하며 동행해 주셨고 우리를 위로해 주셨다.

나는 하나님의 위로 가운데 받았던 이사야 29장의 말씀을 여전히 기대하며 붙들고 있다.

오래지 아니하여 레바논이 기름진 밭으로 변하지 아니하겠으며 기름진 밭이 숲으로 여겨지지 아니하겠느냐 그날에 못 듣는 사람이 책의 말을 들을 것이며 어둡고 캄캄한 데에서 맹인의 눈이 볼 것이며(사 29:17-18).

하나님께서 광야를 기름진 밭으로, 숲으로 일궈 주실 것이다. 나를 통해, 우리를 통해.

하나님께서 나를, 우리를 하나님의 도구로 사용해 주시길 기도한다.

부록 2

막냇동생의 글

엄마의 막내딸 김윤미

나는 두려운 게 많았다. 낯선 곳에 가는 것도 두렵고 운동하는 것도 두려워서 최대한 조용히 얌전히 지내는 편이었다. 운동 중에서 가장 두려운 것은 수영이었다. 물이 무서워 수영을 못하다 보니, 당연히 스노클링이나 스쿠버다이빙 같은 것은 엄두도 못 냈고, 경추 추간판 탈출증이라는 질병이 있어 조금이라도 과한 운동은 하지 않았다.

호기심은 많지만 다칠까 봐 이것저것 나 자신에게 제한을 많이 두었고, 운동은 도무지 할 생각이 없었으며, 바쁜 직장 일과 육아와 연로하신 부모님 봉양으로 인해 더욱 나 자신에게 기회를 주지 않았다. 아니, 주는 방법을 몰랐다. 당연히 하지 못하는 것으로 여겼다. 바쁘게 동동거리며 사는 것이 당연했다.

바쁜 게 감사했다. 나의 감정을 발산하지 않고 주어진 일정에 바삐 움직여야 하는 게 오히려 감사했다. 바쁘지 않으면 엄마가 겪고 계신 투병 생활과 갑작스럽게 짝을 잃은 아버지의 외로운 노년 생활이 마음 아파 어쩌면 심적으로 못 견뎠을지도 모를 일이었다.

인생에서 가장 바쁠 시기인 삼십 대 후반에 나는 막 태어난 둘째와 어린이집에 다니는 첫째가 있는 직장인이었다. 남편은 회사 일로 바빠서 새벽에 출근하고 새벽에 퇴근했다. 이런 나에게 구원투수가 있었으니, 바로 '친정엄마'였다.

나의 가장 큰 조력자였던 엄마. 그땐 잘 몰랐지만 세상에 그런 지지자가 또 있을까 싶다. 하나님께서 세상에 있는 사람들을 일일이 보살필 수 있는 천사로 '엄마'라는 존재를 보내 주셨다는 말이 있다. 정말 맞는 말이라고 생각한다.

부족한 내가 항상 도전 의식과 자부심을 갖게 해 주시고 목표 의식을 심어 주신 사랑하는 엄마. 엄마는 말로만이 아닌 행동으로 사랑을 실천하셨다. 결혼과 육아로 한창 바쁠 때 나의 큰 쉼터이자 의지가 되어 주셨다. 큰애는 엄마가 전담해서 키워 주셨고, 이제 막 태어난 둘째도 엄마가 돌봐 주시겠다며 열심히 운동하고 체력 관리를 하고 계셨다.

그런 엄마가 갑자기 쓰러지셨다. 정말 거짓말처럼 어느 날 갑자기.

직업이 교사인 나는 다음 날 있을 공개 수업을 위해 새벽에 수업 준비를 하던 중 거짓말 같은 전화 한 통을 받았다. 엄마가 쓰러지셔서 중환자실에 계신다는 연락이었다. 순간 숨이 안 쉬어지고 머릿속이 하얘지는 것 같았다. 그때 이후로 내 삶은 완전히 변했다.

그동안 주시기만 했던 사랑의 본체 엄마로부터 받았던 사랑을 조금이라도 갚고 싶어서 안간힘을 썼다. 어린 둘째를 어린이집에 맡기고 아침 일찍 고속철을 타고 엄마가 계신 충남대학교병원으로 향했다. 중환자실에 계신 엄마를 뵙는 시간은 고작 10분 정도였다. 그 시간 엄마께 속삭이듯 사랑의 고백을 하고 돌아와서 오후 5시 정도에 첫째와 둘째를 어린이집에서 데려왔다. 비록 짧게 뵙고 올 수밖에 없었지만 엄마가 외롭지 않도록 사랑과 감사의 고백을 하는 그 10분은 내겐 천금과도 같은 시간이었다.

그렇게 엄마가 쓰러지신 2015년 10월 14일부터 그해 겨울까지 당시 내가 살던 일산에서 대전까지 매일 오가는 생활을 했다. 병원으로 향하는 발걸음 자체가 내겐 간절한 기도였다. 이런 갑작스러운 일에 어떻게 대처할지 몰라 그저 눈물 바람이었던 2015년 10월은 내겐 가장 추운 시간이다.

가망이 없다던 의사의 말은 그의 경험상으로 가망이 없다는 것이지, 엄마가 일어날 가망이 없는 것은 아니었다. 의사의 예상과는 달리 엄마는 8개월 만에 의식을 찾으셨다.

대학병원을 거쳐 엄마를 자녀들이 거주하는 의정부 근처 재활병원으로 모시고 왔다. 자녀들 곁에서 엄마의 투병 생활이 시작되고 엄마께 감사와 사랑을 전해 드릴 수 있는 시간이 주어져 행복했다. 동시에 엄마의 투병 생활이 너무나 힘드시니 가슴이 아팠다. 가슴 아픔과 행복이 공존하는 그런 시간을 보내며 예배, 말씀, 기도로 감사의 비중을 높여 가며 견뎌 냈다.

엄마는 예배드리는 것을 참 좋아하셨기에 대답하시기 어려운 조건에서도 최선을 다해 "아멘"이라고 하셨고, 그럴 때마다 나는 더욱 가슴이 뜨거워졌다. 병상에서 예배드리시며 그 힘든 투병 과정 중에도 "아멘"이라고 화답하시는 엄마께 내가 할 수 있는 것은 내게 주어진 모든 것을 최선을 다해 관리하고 잘 사는 것이라는 생각이 들었다.

엄마가 온 정성을 다해 잘 키워 주셨는데 내가 못할 것이 무엇이랴 싶어서, 나는 정말 나 자신에게 많은 기회를 주며 열심히 살기 시작했다. 내 삶에 많은 기회를 주며 하고 싶은 것을 배우기 시작한 것은 아이러니하게도 엄마의 투병 생활 중이었다.

그전까지 나의 하루 일과는 직장 일, 아이들 양육, 병원에 계신 엄마를 뵙고 오는 것이 전부였다. 여기에 나 자신을 위한 배움의 기회를 추가했다. 기타, 플루트, 탁구, 영어 회화, 필라테스를 시작했다. 시간표를 촘촘하게 짜서 아이들이 학원 가는 시간에 나도 배우고 싶은 것을 배웠다. 늦은 나이에 학교에 갓 입학한 학생처럼 재미있게 배워 나갔다. 교단에서 항상 가르치며 지식을 전달하던 내가 학생의 입장이 되었다.

엄마께 면회 가서 조잘조잘 이것저것 얘기하며 이야기보따리를 풀어 놓는 것 또한 나의 일과 중 아주 중요하게 반복하는 것이었다. 매우 어설픈 실력으로 용기 내어 엄마께 기타 연주를 들려 드리기도 했다. 언젠가는 수준급 연주로 엄마 귀를 호강시켜 드리겠다는 약속을 하면서 말이다.

내 인생 중 가장 큰 두려움의 대상은 물이었다. 물은 내게 공포 그 자체였기에 나는 수영을 평생 못할 줄 알았고 배움의 기회에 수영은 아예 생각조차 하지 않았다. 이런 내가 수영을 시작하게 된 것은 엄마가 소천하시고 난 이후였다. 엄마가 소천하신 직후, 내 머릿속에서 엄마가 물로 된 벽을 뚫고 통과하시는 모습이 갑자기 떠올랐고, 그 이미지가 나에게 퍽 위안이 되었다. 이유는 설명하기 어렵지만, 그것이 내가 물의 공포를 이겨 낼 수 있는 가장 큰 계기가 되었다.

물이 공포의 대상이 아니라 뚫고 나가야 할 대상으로 인식되자 물을 이겨 내고 싶었다. 그래서 수영 수업을 등록하고 물에 들어갔는데 너무 무서웠다. 그때 엄마가 항상 내게 해 주시던 말씀이 떠올랐다.

"윤미야, 너는 할 수 있어. 마음먹으면 못하는 게 없어."

이 말씀이 내 귓가에 생생하게 맴돌았다. 나는 물 벽을 뚫고 통과한 엄마의 모습을 생각하며, 내 안에 가장 제한을 두었던 물을 극복해 보기로 했다. 그렇게 물속에서 엄마를 생각하며 숨 참기도 해 보고 수영 호흡법을 시도했다. 수영 강사님에게 잘한다고 칭찬까지 들었다.

나는 나를 가두던 또 하나의 벽을 부수고 나올 수 있었다. 수영장에서 너무 감사하고 좋아서 눈물이 날 뻔했다. 엄마를 생각하며 물에 대한 공포의 문턱을 낮출 수가 있었고, 마침내 해낼 수가 있었다. 그때의 기분은 뭐라고 묘사하지 못할 정도로 벅찬 느낌이었다.

작년 겨울에는 스키에도 도전했다. 경추 추간판 탈출증 때문에 몸을 사렸던 내가 스키를 타고 얼떨결에 중급 코스에서 내려오는 경험까지 했다. 엄마 말씀이 틀린 게 하나도 없었다. 정말, 마음먹으니까 된다.

도전하고 성취할 때마다 엄마께 감사한 마음이 들고 눈물도 난다. 엄마가 너무 보고 싶어서. 엄마께 너무 얘기하고 싶어서.

엄마를 생각하면 못할 것이 없다.

나를 이렇게 엄마의 하늘 같은 사랑으로 온 마음 다해 키워 주셨는데 못할 것이 뭐가 있으랴!

한다는 마음만 있으면 다 할 수 있다는 것은 이제 내 삶의 모토가 되었다.

엄마의 투병 중에 알게 된 것은 사랑과 은혜와 감사이다. 그리고 건강한 내 자아까지 발견했다. 나는 이 땅에서 평생 아낌없이 주시기만 했던 엄마의 사랑을 받고 자랐다. 이제 내 삶에서 엄마의 사랑을 꽃피워 내고 싶다.

그리운 엄마께 편지를 쓴다.

건강하실 때도 저에게 항상 가능성과 도전 의식을 갖게 해 주신 엄마!
투병 중에도 여전히 저에게 도전 의식과 삶의 목표 의식을 갖게 해 주신 사랑의 본체, 엄마!
엄마는 건강했을 때나 아팠을 때나 저희 자녀에게 너무나 완벽하셨고, 존재 자체만으로 존귀한 분이셨어요.
이 땅에 살아가면서 언니들과 서로 아끼고 사랑하며 잘 살게요.
사랑하는 엄마, 우리 천국에서 다시 만나요!

부록 3

딸아이의 글

할머니의 맏손녀 손지영

우리 할머니, 대전 할머니, 이름만 들어도 여전히 가슴이 아프다. 할머니께서 쓰러지시기 전 모습이 생생하게 기억나지 않는 것이 슬프다. 그러나 할머니께서 주셨던 사랑만큼은 지금까지도 내가 살아가는 데 알게 모르게 계속 큰 힘이 되고 있음을 느낀다.

우리 할머니를 오랜만에 떠올려 보고 싶다. 우리 강병희 여사님은 정말 멋쟁이셨다. 뒤처지지 않는 패션 센스, 헤어롤로 열심히 단장한 풍성한 머리 그리고 고운 피부까지. 누가 봐도 인정할 만큼 우아한 자태를 뽐내셨다.

겉만 멋쟁이셨던 것이 아니다. 할머니의 성품과 지혜는 따라올 자가 없다고 자부한다. 가족을 향한 사랑도 보통이 아니셨다. 사랑은 표현하는 것임을 우리 할머니를 보며 배웠다.

명절 때 내려가면 항상 할머니는 마치 이날만 기다린 것처럼 각종 선물 보따리를 한 아름 우리에게 안겨 주셨고, 언제나 새벽에 일어나서 잔치 수

준의 음식을 준비해 주셨다. 그래서 할머니 댁을 떠날 때가 되면 다들 포동포동해졌고, 양손은 선물로 무거워져 돌아갔다. 주차장에서 작별 인사를 할 때까지도 차 안에서 먹으라며 간식을 바리바리 챙겨 주셨던, 사랑 가득한 분이 우리 할머니셨다.

명절이 아닌 때에도 할머니는 자주 우리 집에 올라오셔서 엄마를 도와주시고 나와 오빠를 챙겨 주셨다. 할머니는 항상 내 편이어서 엄마가 나를 나무랄 일이 있을 때면 든든하게 지켜 주셨던 기억이 난다. 얼마나 감사하고 좋던지! 천하무적이 된 기분이었다.

그랬던 우리 할머니께서 쓰러지셨으니, 어떻게 이런 일이 일어날 수가 있는지 도저히 믿기지 않았다. 할머니께서 쓰러지신 그날 밤, 엄마가 정신없이 울며 나간 그날 밤, 나와 오빠는 밤새도록 인터넷에서 뇌출혈에 대해 검색했다. 그래서 알게 된 할머니께서 돌아가실 수 있다는 사실에 머리가 아프도록 울다 지쳐 잠들었다.

그해 겨울은 참으로 추웠던 기억으로 물들어 있다. 사고 이후 처음 할머니를 뵙게 된 날, 머리에 붕대를 두르신 채 의식 없이 누워 계셨던 할머니의 낯선 모습에 너무나 놀랐지만 차마 크게 울 수 없었다. 엄마의, 이모들의 수척해진 모습을 보니 감히 내가 울 수는 없는 노릇이었다.

이후 할머니께서 어떻게 그 시간을 버티셨을지 나로서는 상상이 안 간다. 그렇게 믿기지 않는 9년이 흘러 2023년이 되었다. 그 긴 시간, 옆에서 본 엄마와 이모들은 정말이지 최선을 다해 할머니를 지극정성으로 살폈다.

그전까지는 나도 엄마를 따라 자주 할머니를 뵈러 갔었다.

그런데 왜 하필 2023년 10월에 하나님께서 할머니를 부르셨던 것일까?

그 시기를 생각하면 나는 아직도 너무나 애통하다. 내가 이러는 데는 이유가 있다. 바로 2023년에 재수를 했기 때문이다. 재수를 할 때는 내 세상 전부가 공부였기에 눈코 뜰 새 없이 바쁘게 공부했다. 그렇기에 그해에는 자연스레 할머니께 거의 가지 못했다.

이제 와서 생각해 보니, 마음먹으면 갈 수 있었을 텐데 잠깐 얼굴 뵐 한 시간이 없었을까 싶다. 한없이 죄송하고 후회스럽다.

할머니께서 돌아가시기 며칠 전, 그래도 마지막 인사는 드릴 수 있었다. 엄마가 할머니를 밤새 간병한다고 해서 응원차 전화했다가 할머니께 간단한 인사를 드렸었다. 엄마의 목소리에 물기가 있어 걱정됐지만 그렇게 심각한 상황은 아니라며, 할머니 곧 괜찮아지신다며 엄마는 나를 안심시켰다. 그래서 나는 상황의 심각성을 전혀 인지하지 못했다. 그것이 마지막 통화가 될 줄은 꿈에도 몰랐다.

당시 수능이 40일도 남지 않은 상황인지라 엄마는 나를 배려해서 그리 말씀하신 것 같다. 나와 통화하시던 그 순간에도 할머니께서 힘겹게 숨을 내쉬고 계셨음을 알았더라면, 산소포화도가 45까지 내려갔음을 알았더라면, 폐렴이 그렇게 심하셨던 것을 알았더라면, 그날 밤 나는 마음 놓고 공부만 하고 있지는 않았을 것이다.

엄마와 아빠는 할머니께서 돌아가셨던 그날 아침에도 나에게 어떤 말도 하지 않았다. 다만 당시 이상했던 점은 평소와는 다르게 엄마가 새벽 6시에 학원으로 등원하는 나를 꼭 안고 입맞춤을 하려고 한 것이었다. 나는 가벼운 포옹만 하고 학원으로 나섰다.

가는 길에 무엇인가 이상한 기분이 들었으나 애써 별일 아닐 거라 치부한 후 그날도 종일 평소와 똑같이 공부했다.

학원이 끝나고 밤 10시가 되어서야 나는 우리 할머니께서 돌아가셨다는 사실을, 장례식이 진행 중이라는 사실을 내 친구에게서 전해 들었다. 어떻게 장례식장까지 갔는지 모르겠다. 그렇게 할머니의 영정 사진을 마주하고서야 현실임을 깨달았다. 후회와 죄송스러움, 슬픔에 국화 한 송이조차 내려놓기 힘들었던 기억이 난다.

나는 사실 할머니께서 반드시 일어나실 줄 알았다. 꿈을 꾸었기 때문이다. 할머니께서 고통 속에서 몸부림치다가 마침내 회복하시는 모습을 꿈에서 보았다. 나는 그 장면을 하나님께서 보여 주셨다고 생각했고, 그래서 믿었다. 그러나 하나님의 뜻은 내 바람과 달랐나 보다. 그 큰 뜻을 차마 다 알 수는 없고, 분명 그 고통을 통해 하려는 말씀이 있으셨겠지 하고 어림짐작할 뿐이다.

그렇다고 하더라도 나는 할머니께서 왜 그렇게 고통스러운 세월을 살다 가셔야 했던 건지 생각하면 지금까지 마음이 미어진다. 여전히 할머니가 보고 싶고 그립고 눈물이 난다. 할머니만큼 나를 사랑한 사람은 없을 것이다. 엄마보다도 더 큰 사랑으로 나를 아껴 주셨던 우리 할머니의 품이 많이 생각난다.

그렇지만 마냥 슬퍼하기만 하지는 않을 것이다. 이 땅에서 너무나 고통 받으셨기에 주님 품 안에 있는 지금이 우리 할머니께는 가장 평안한 상태일 것이다. 비록 이 땅에서 더 이상 할머니를 만질 수 없고 할머니와 눈 맞춰 대화할 수 없다는 사실에 눈물이 흐르지만, 나는 우리가 다시 만날 그 날을 믿으며 살아가려 한다.

우리에게는 소망이 있고 다시 만날 수 있음에 대한 확신이 있다. 그날이 얼마나 기쁠지, 얼마나 감격스러울지 상상해 보면 가슴이 설렌다.

보고 싶은 우리 할머니!
천국에서 다시 만날 그날을 생각하며, 아쉬움과 슬픔을 가슴 한편에 놓아두려 합니다.
정말로 많이 사랑해요, 할머니!